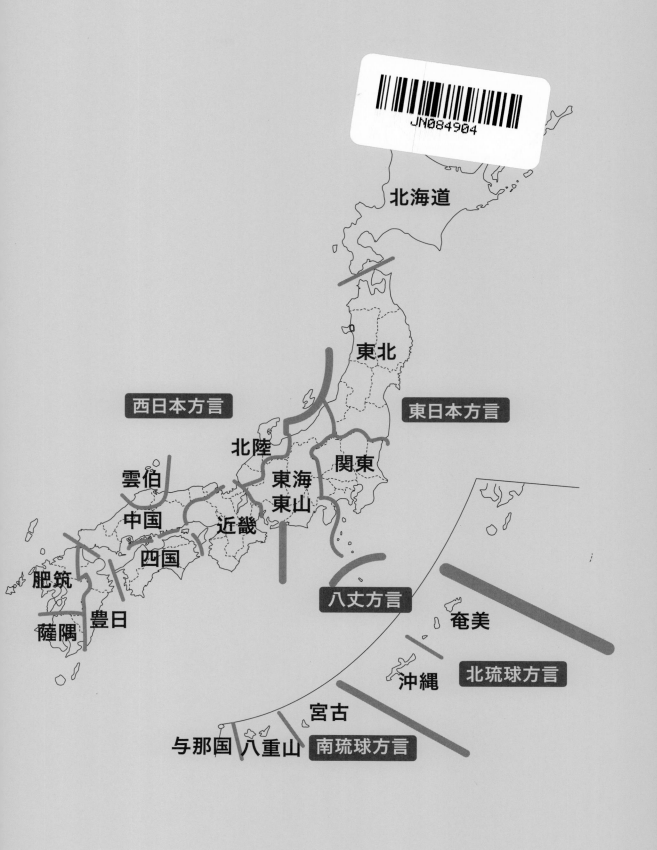

北海道

東北

西日本方言

東日本方言

北陸

関東

雲伯

東海
東山

中国

近畿

四国

肥筑

八丈方言

豊日

奄美

薩隅

北琉球方言

沖縄

宮古

与那国 八重山 南琉球方言

ワークブック

方言で考える日本語学

松丸真大・白岩広行
原田走一郎・平塚雄亮

Kurosio
くろしお出版

　この本は、方言研究の視点を生かして日本語のしくみを基礎から考え、そのしくみを解き明かすために試行錯誤するための本です。

　なぜ方言研究の視点から考えるのか説明しましょう。端的にいえば、方言には標準語にない言語事象が豊富にあり、それを視野に入れて考えることで日本語の姿を真に理解することができるからです。例えば、「日本の食」について考えるとします。日本各地のおいしい食材や郷土料理を抜きに「日本の食」を語れるでしょうか？　同じように、ことばについて考えるときも、この列島に広がる多様な方言の姿を視野に入れなければ、大事なものを見落としてしまいます。自分の方言を見つめ直したり、知らない方言から新しい発見を得たりすることで、日本語のしくみを広く深く解き明かします。

　そもそも「標準語」とは多くの日本語話者が"標準"として想定することばですが、"標準"どおりに生きる人がいないのと同じく、"標準"どおりに日本語を話す人も実際にはいません。人に個性があるのと同じく、ことばにも個性があります。そのひとつひとつを視野に入れることで、日本語の姿を真に理解できると私たちは考えます。ことばの個性としてはさまざまな要素が考えられますが、本書では、地域性という要素にもとづく方言の多様性から日本語の姿を捉えます。

　それに、「日本語の○○方言と同じ現象が海外の△△語にもあった！」というのはよくあることです。国内の方言について知ることは、世界の諸言語を知ることにつながります。方言は昔からローカルに使われてきたことばですが、その方言について考えることは、極めて現代的でグローバルなテーマでもあります。

　そして、この本は読者の皆さんとともに「考える」ことを目的にしています。私たち著者は日本語のしくみをよくわかっていません。わからないから研究を続けています。その研究の輪に、皆さんにも加わってほしいというのが願いです。この本は大学の授業の教科書として使われることも想定していますが、私たちに「教える」つもりはありません。方言を前にした私たちの目には、多くの謎がみえてきます。その答えは、私たち著者にもわかりません。だから、ともに「考える」のです。この本に書いてあることは唯一の正しい答えではありません。もし、よりよい答えを思いついたら、ぜひ教えてください。そうすれば、皆さんも研究者です。

　この本の構成について説明しましょう。まずは導入として「私たちは日本語のことをよく知らない」ということを実感してもらいます。「自分は何も知らない」という無力感が

学問の出発点です。その無力さに気づいて立ち上がり、ひとつひとつ地道に解き明かしていくのが研究の面白さです。「自分たちは何でも知っている」という傲慢な指導者にしたがってはいけません。

　そのうえで、この本では、"音"、"語"、"文"の順に日本語のしくみを考えていきます。日本語に限らず、人間の言語は、いくつかの"音"をそもそもの基本として持っています。そして、「a」「m」「e」という音の組み合わせが「雨」という語になるように、"音"の組み合わせから"語"が生まれます。さらに、「雨」「が」「降る」という語の組み合わせが「雨が降る。」という文になるように、"語"の組み合わせから"文"が生まれます。せいぜい数十しかない"音"をもとに無限の"文"が生まれ、言いたいことを自在に表すことができるというのが言語の面白さです。

　"文"を成り立たせるしくみが文法です。日本語では、述語にさまざまな要素がくっつくことで文の意味が成り立ちます。例えば、「太郎は先生に褒め-られ-てい-た-だろう-ね。」という文では、ヴォイス表現の「られ」、アスペクト表現の「てい」、テンス表現の「た」、モダリティ表現の「だろう」「ね」がくっつくことで文の意味が成り立ちます。本書では、このように述語にくっつく要素について、活用の基本概念をふまえたうえで、くっつく順番ごとに考えていきます。見慣れない用語が出てきて難しく感じられるかもしれませんが、安心してください。私たちの合言葉は「何も知らない」ということです。「何も知らない」ということを前提に、基本的な概念から考えていきましょう。

　さらに、敬語などの待遇表現、語彙の体系性、言語変化というテーマを設けて、日本語のしくみを幅広く捉えます。最後に方言研究の方法についても考え、日本語の謎を解き明かす実践として、自ら方言調査に出向く準備もしたいと考えます。

　本書を読んで考えたことは、皆さんの人生に必ず役立ちます。なぜなら、人間はみな、ことばを使って自分の思いを表現し、他者の思いを理解するからです。皆さんが人間である限り、ことばについて考える経験は、皆さんの生活を豊かにします。研究の苦悩と愉悦を、ともに存分に味わいましょう。

本書について

【本書で前提としていること】

- **方言**：方言とは「その地域で話されていることばのすべて」を指す概念です。「標準語と違う特徴」だけを指すわけではありません。例えば、関西方言の語彙というと「さらぴん（新品）」「おもんない（面白くない）」「ちゃう（違う）」など、標準語と語形が違う表現だけを想像する人が多いでしょう。しかし、関西方言では「先生」「赤い」「走る」など、語形や意味が標準語と同じ語も使われます。言語としての方言は標準語と同じ要素も含めて成り立っていて、それを体系として捉える必要がありますから、本書では「標準語と違う特徴」でなく「その地域で話されていることばのすべて」を方言と捉えます。方言を人に例えていえば、「他人と違うところが個性」ではなく「他人と似ているところも含めて、その人のすべてが個性」と捉えるようなものです。これは言語を体系とみなして分析するうえで重要なことです。

- **標準語**：本書では標準語を「書きことば、あるいは改まった場面で用いられる話しことば」を指す用語として用います。例えば、書きことばなら教科書や新聞などで使われることば、話しことばならニュース番組のアナウンサーが話すことばなどが標準語です。東京の話しことばを標準語と考える人がいるかもしれませんが、東京のことばにも「しちゃった」「あるって（歩いて）」など改まった場面では用いられず、しかも特定の地域でしか用いられないものもあります。そのため、本書では東京の話しことばをほかの地域の話しことばと平等に扱って、東京方言と呼びます。つまり、標準語を母方言とする人はいないということです。

- **日本語の方言**：この本では、アイヌ語を除き、北海道から沖縄まで日本各地で伝統的に話されてきたことばをすべて日本語の方言と扱います。琉球方言（琉球語とも呼ばれる）は一見（一聞）すると本土方言とまったく違う別の言語のようにみえ（聞こえ）ますが、もともとは同じ言語だったと言われています。一方、アイヌ語は日本国内で話されていますが、日本語とはまったく別系統の言語です。また、日本語に大量の漢語と文字をもたらした中国語も別系統の言語です。

- **文字**：文字は言語の一部を写した記号であって、言語そのものではありません。世界で話されている言語のうち文字がない言語はたくさんありますが、ラテン語などの話し手がいない、

文字のみの言語はもはや生きていない言語です。つまり、文字は言語にとって副次的なものなのです。

- **学校文法**：言語のしくみ（文法）をどのように体系づけるかということをめぐっては複数の立場（理論）があります。皆さんが小・中・高等学校で学んできた国語の文法もそのうちの１つです。この国語の教科書に採用されている文法を「学校文法」と呼びます。本書では、学校文法とは異なる立場で日本語を分析しますが、皆さんがこれまでに学んできたことと関係づけるために適宜学校文法について言及します。

【記号の使いかた】

- **文法性判断を表す記号類**：例文や形式の前についている記号は次のことを表します。

  *　非文法的である（不適格。その言語・方言では文として成り立たない）。

  ??　非文法的ではないが、かなり不自然である。

  ?　?? ほどではないが不自然である。

  #　非文法的ではないが、特定の状況・文脈で使うと不自然である（不適切）。

- **そのほかの記号類**：例文・本文で使う記号は次のことを表します。

  Ø　何も言語形式が使われないことを表す。

  >　（形態）音韻規則にもとづいて、不等号の大きいほうから小さいほうの形態が導かれることを表す。

  " "　" "内が形式の意味であることを表す。例えば「/ninuki/ "ゆで卵"」は、/ninuki/ という形式が「ゆで卵」を意味することを表す。

  -　接辞の境界を表す。

  =　接語の境界を表す。

【表記方法】

　例は原則として漢字かな混じりで表記しますが、必要に応じて音素で表記することもあります。また、注目してほしい箇所には下線を引きます。

【術語（専門用語）】

- 以下に、本書で繰り返し用いる術語を説明している課と、簡単な説明を挙げておきます。ほかの術語については巻末の索引からたどってください。

音素（第2課）	ある言語の話者が同じと認識する音
形態素（第5課）	意味を持つ最小の要素
接辞（第5課）	単独で使うことができず実質的な意味を持たない形態素
語根（第5課）	実質的な意味を持つ最小の形態素
語幹（第5課）	特に活用において、接辞を除いた要素
語（第6課）	実質的な意味を持つ自立形式
句（第6課）	語よりも大きく、節よりも小さい語のかたまり
述語（第7課）	物（人間を含む）の性質・状態・動作、ほかの物との関係などを表現し、節の内容の中心となる要素
節（第7課）	述語と、それに付随する項・修飾成分で構成される単位
文（第7・8課）	1つ以上の節で構成される単位

- 研究によって術語（専門用語）の定義・使いかたが異なることがあります。いちいち断りませんが、本書と違う定義・使いかたで術語を用いる研究もありますので、他書を読み進める場合はご注意ください。

【基本問題・発展問題・事例研究】

- ■ **基本問題**　テーマの導入や理解の確認のための問題です。標準語や方言、日本語以外の言語を使って考えてもらいます。
- ■ **発展問題**　テーマを理解していることを前提に、実際に言語現象を分析してみる問題です。実際の言語なので、答えが1つに定まらないこともあります。

　基本問題や発展問題は、挙げられたデータだけを使って考えてみてください。その方言や言語に関する予備知識は必要ありません。未知の言語の規則を解明するパズルだと思って考えてみてください。逆に、その方言や言語のことを知っていると、かえってその知識が分析の邪魔になるかもしれません。問題によっては、自分なりの解答を書き込む記入欄を設けました。

- **事例研究**　言語の具体的な事例（方言からが多い）を紹介しながら、標準語をみているだけではわからない事象をとりあげて、文法の理解を深めてもらいます。

【音声】

　第2課、第4課、第6課では、実際の音声を聞きながら学びを深めてもらいます。「ᵢₗ♪**サウンド**」と示された音声は下記のくろしお出版特設サイトで聞くことができますので、ぜひ音声を確認しながら本書を読み進めてください。

https://www.9640.jp/books_934/

【方言区画図・言語地図】

　本書では方言区画図や言語地図をいくつか挙げて全国を俯瞰できるように心がけました。しかしここで挙げた地図はごく限られたものです。興味がある人は次のサイトを参照してください。なお、本書の方言区画図は、東条操（1953）『日本方言学』（吉川弘文館）で提案された区画図（第3次案）と、方言文法研究会の「日本列島方言区画図　第2版」（方言文法研究会編（2022）『全国方言文法辞典資料集（7）活用体系（5）』科研費研究成果報告書所収）をもとにして、著者らが考えたものです。

・方言文法研究会　https://sites.google.com/view/hogenbunpo/home/
　方言区画図や言語地図の略図が公開されています。各地方言の記述もあります。

・国立国語研究所　言語地図データベース
https://www2.ninjal.ac.jp/hogen/dp/ladp/ladb_index.html
これまでに刊行された言語地図のデータベースです。

　また、国立国語研究所の『方言文法全国地図』や『新日本言語地図』はデータも公開されていますので、記号を変えたり別の観点で地図を描いたりもできます。

目　次

▶ 第**1**課 私たちは日本語を知らない

話せるけど知らない?!

　日本語を母語とする人々（以下「私たち」と書きます）はみな日本語を使いこなしています。しかし私たちの多くは日本語を知りません。皆さんは「日本語を使っているのに知らないってどういうこと?!」と思われるかもしれません。でもすぐにわかります。この課では「私たちは日本語を使えるが日本語を知らない」ことを体験してもらいます。

「ん」?!

■ 基本問題 1

「ん」の発音を意識しながら、次の 3 つのグループの語を言ってみましょう。

（1）a. さ<u>ん</u>ばい（三倍）・さ<u>ん</u>ま（秋刀魚）

　　　b. さ<u>ん</u>だい（三台）・さ<u>ん</u>た（サンタ）

　　　c. さ<u>ん</u>がい（三階）・さ<u>ん</u>か（参加）

　（1）の「ん」を発音するときに、（1a）〜（1c）でそれぞれ口の形や舌の位置が違うことに気づいたでしょうか？ おそらく、皆さんの口の中の様子をことばで説明すると（2）のようになり、顔の断面図で示すと図 1 のようになっているはずです。[　]の中に音声記号を記しましたが、これについては第 2 課で説明します。ここでは単に 3 つの発音を区別して表すための記号だと思っておいてください。

（2）a. 三倍・秋刀魚の「ん」= [m]

　　　　唇を閉じている。「マ」のときと同じ口の形になる。

　　　b. 三台・サンタの「ん」= [n]

　　　　唇は開いていて、舌の先が上の前歯の裏にくっつく。「ナ」のときと同じ位置に舌がくっつく。

　　　c. 三階・参加の「ん」= [ŋ]

　　　　唇は開いていて、舌の根っこあたりが喉の入り口にくっつく。「ガ」のときと同じ位置に舌がくっつく。

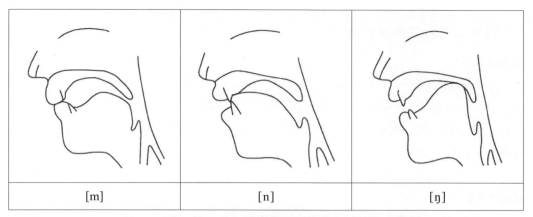

図1　[m] [n] [ŋ] を発音しているときの口の形や舌の位置 (松崎・河野 2018: 218–219)

■ 基本問題 2

　私たちは上の 3 つの「ん」を、あるルールにしたがって使い分けています。日本語では 3 つの「ん」をどうやって使い分けているか考えてみましょう。「ん」が入る語をたくさん挙げて、それらを (2a)〜(2c) に分類してみるといいでしょう。

　（1）では「ん」の前の音を「さ」で統一しています。したがって「ん」の発音の違いは「ん」の前の音と関係がないといえます。ということは「ん」の後ろの音が関わっていそうです。そこで「ん」の後ろの音に注目すると、次のことに気づくでしょう。
　（3）a. [m]…直後の音が、唇を閉じて発音される。
　　　　b. [n]…直後の音が、唇は開いていて、舌の先が上の前歯の後ろあたりにくっついて発音される。
　　　　c. [ŋ]…直後の音が、唇は開いていて、舌の根元あたりが喉の入り口にくっついて発音される。
　上の（2）と（3）を見比べてみると、発音のしかたが同じだとわかります。つまり、日本語では、後ろの音の発音のしかたに合わせて「ん」の発音を変えているのです。私たちは「ん」が 1 つの音だと思っていますが、実はまったく違う音をルールにしたがって使い分けているのです。

　ちなみに英語や韓国語では [m, n, ŋ] がまったく別の音として認識されています。上でみた日本語の「ん」のように、違う発音を「同じ音」とする言語と、英語や韓国語のように違う発音を「違う音」とする言語があるわけです。このように、さまざまな発音をまとめたり、区別したりするしくみは言語ごとに違います。

「違かった」は動詞と違くなる

■ 基本問題 3

　ひと昔前は「違かった、違くない」などと言うと、「その言いかたは間違っている」と指摘されました。「間違っている」とされる表現はたいてい新しく使われ始めた表現なのですが、それでは「違かった、違くない」にあたる意味で、以前はどのような語形を使っていたか考えてみましょう。

■ 基本問題 4

　大阪方言では「綺麗だねぇ」の意味で「綺麗なー」と言ったり、「綺麗だった」の意味で「きれかった」と言ったりすることがあります。この大阪方言の「綺麗」と上述の「違かった、違くない」には共通する特徴があります。まずは表1と表2の空欄を当てずっぽうでかまわないので埋めてみてください。「きれくない／きれくて」など聞きなれない語形が入る箇所もあります。そして表1と表2に共通する特徴とは何か考えてみましょう。なお、表中の（　）内の語形は、表のその部分に入るはずだがあまり使われない語形であることを表します。

表1　「違う」と「赤い」の活用

	使う〈動詞〉	違う〈旧・動詞型〉	違う〈新・形容詞型〉	赤い〈形容詞〉
終止	つかう	ちがう	（ちがい）ちげー	あかいあけー
否定	つかわない	ちがわない		あかくない
過去	つかった	ちがった		あかかった
中止	つかって	ちがって		あかくて
仮定	つかえば	ちがえば	ちがければ	あかければ

表2　「綺麗」と「赤い」の活用

	綺麗〈標準語・形容動詞型〉	綺麗〈大阪・形容詞型〉	赤い〈形容詞〉
終止	きれいだ(なー)		あかい(なー)
否定	きれいじゃない		あかくない
過去	きれいだった		あかかった
中止	きれいで		あかくて
仮定	きれいなら	（きれければ）	あかければ

「違う」はもともと「違わない、違った、違って…」と活用する動詞でした。それが最近になって「違くない、違かった、違くて」のような形も出てきたのです。この新しい「違かった」形と形容詞「赤い」の活用を比べてみると、そっくりだということに気づくでしょう。つまり新しい「違かった」形は形容詞活用になった「違う」だったのです。なぜ「違う」が形容詞活用になったのでしょうか。それは「違う」が形容詞っぽい（動詞っぽくない）意味を持つからです。実際、英語では differ という動詞のほかに different という形容詞でも「違う」の意味を表せます。「走る」のような動詞っぽい動詞ならば、意志形（走ろう）、命令形（走れ）、可能形（走れる）などが作れますが、「違う」は意志形（?? 違おう）、命令形（?? 違え）、可能形（?? 違える）などが作れません。そしてこれは形容詞も同じです。このように「違う」は意味的に形容詞に近いので、それに合わせて活用も形容詞型に変化するという動機があるわけです。ちなみに「違かった、違くない」という形容詞活用の「違う」はいろいろな方言に現れますが、全国に広まるきっかけとなったのはもともと福島県や茨城県など東北南部・関東北部で使われていた方言形式でした。それが首都圏に侵入していき、東京から一気に全国に広まったとされています（井上 1998）。

　ここまで読めば大阪方言の「綺麗なー」の正体もわかるでしょう。もともとの（他地域の）「綺麗」は形容動詞活用をします。しかし大阪方言の「綺麗」は形容詞のように活用しているのです。だから形容詞の「赤いなー」と同じように「綺麗なー」となるわけです。これには形容動詞と形容詞の機能がほぼ同じであることに加えて、「綺麗」という語形が「い」で終わることも関わっています。「綺麗」が「赤い」と機能的にも形態的にも同じなので、形容詞活用になる素地があったのです。だから、「元気・静か」のようなほかの形容動詞は変化せずに、「綺麗」だけが形容詞活用になったというわけです。

ネンって何やねん

■ 基本問題 5

　次の（4）は関西方言です。この文を標準語に訳してみましょう。

　（4）a. 明日、温泉行くねん。

　　　　→標準語訳：＿＿＿＿＿＿＿＿＿＿＿＿＿＿

　　　b. 明日、温泉行くんや。

　　　　→標準語訳：＿＿＿＿＿＿＿＿＿＿＿＿＿＿

　実はどちらも標準語では「んだ（のだ）」に近い意味を表します。もし (4a) と (4b) に異なる訳を与えた人がいたら、その人は鋭い直感の持ち主です。それでは、この 2 つの形式はどのように違うでしょうか？

■ 基本問題6

　上の基本問題5から、関西方言には標準語の「んだ（のだ）」と似た意味を持つ形式として「ねん」と「んや（のや）」があることがわかりました。それでは、「ねん」と「んや」はまったく同じ意味を表すのでしょうか？　次の会話例には2種類の「んだ」が出てきますが、それぞれの「んだ」を「ねん／んや」に置き換えられるかどうか、確かめながら考えてみましょう。関西方言を話さない人もテレビなどで話されている関西弁を思い出して、あてずっぽうでかまいませんので答えてみてください。例文の後にある〔　〕には「んだ」の用法名を挙げておきました。

　　（5）　標準語の2種類の「んだ」

　　　　Aさん：明日、温泉行く<u>んだ</u>。　　　　〔説明〕

　　　　Bさん：へぇー、平日に行く<u>んだ</u>ぁ。〔受容〕

　　（6）　関西方言（使えないと思うものに*を）

　　　　Aさん：明日、温泉行く {（　　）<u>ねん</u>／（　　）<u>んや</u>}。

　　　　Bさん：へぇー、平日に行く {（　　）<u>ねん</u>／（　　）<u>んや</u>}。

　いかがでしたか？　答えは（7）のようになります。「本書について」（5ページ）でもふれましたが、例文中の「*」はその方言でその形式を使うと「文法的におかしい」、「?」は「やや不自然な」ことを表します。

　　（7）　Aさん：明日、温泉行く {<u>ねん</u>／?<u>んや</u>}。　　　　〔説明〕

　　　　　Bさん：へぇー、平日に行く {*<u>ねん</u>／<u>んや</u>}。〔受容〕

　（7）の〔説明〕と〔受容〕はどちらも話し手から聞き手に何かを伝える文（平叙文：第12課参照）で使われています。「私が明日温泉に行く」と〔説明〕するときには「ねん」を使えますが、「あなたが平日に行く」という情報を〔受容〕したことを表したい場合、「ねん」は使えず「んや」を使わなければなりません。ここで「ねん」を使ってしまうと「私が平日に行く」という〔説明〕用法になってしまいます。逆に〔説明〕用法で「んや」を使うと、説明らしさが弱くなるのでやや不自然に感じられるのです。

　つまり、標準語では「んだ（のだ）」だけで表されるいろいろな用法を、関西方言では「ねん」と「んや」で役割分担しているのです。まとめてみると、次の表のようになります。

表3　「ねん」と「んや」の役割分担

用法	ねん	んや
〔説明〕	○	△
〔受容〕	×	○

このように方言を観察してみると、標準語だけではみえてこないことがわかってきます。また「のだ」の例のように、標準語よりも方言のほうがきめ細かな表現を備えていることもあるのです。

■ 発展問題1：皆さんが使う「のだ」

上では関西方言を例に挙げましたが、同じ方法を使って皆さんの母方言も分析できます。ぜひチャレンジしてみてください。その際、上の2用法ではうまく整理しきれないかもしれません。その場合は分類を増やしてみてください。例えば関西方言では、疑問詞疑問文（第12課参照）でも相手を非難するような〔詰問〕の「ねん」と、普通にたずねる〔質問〕の「んや」が使い分けられています。

（8）　Aさん：明日、温泉行く ｛ねん／?んや｝。　　　　　　　　　〔説明〕

　　　Bさん：へぇー、平日に行く ｛*ねん／んや｝。　　　　　　　〔受容〕

　　　　　　　誰と行く ｛??ねん／ん（や）｝？　　　　　　　　　〔質問〕

　　　Aさん：実はCさん ｛やねん／?なんや｝。　　　　　　　　　〔説明〕

　　　Bさん：はあ？ 何言うてん ｛ねん／?のや｝！　Cさんは受験生やんか！〔詰問〕

先ほどの表3に〔詰問〕と〔質問〕を追加して示すと表4のようになります。

表4 「ねん」と「んや」の役割分担（拡大版）

文タイプ	用法	ねん	んや
平叙文	〔説明〕	○	△
	〔受容〕	×	○
疑問詞疑問文	〔質問〕	△	○
	〔詰問〕	○	△

方言はどこで変わるのか？

■ 基本問題7

次の文で「いる／おる／ある」のどれを使うか考えてみましょう。そして周りの人にも同じ質問をしてみましょう。自分と出身地が違う人のほうがよいです。

（9）　a. 先生が ｛いる／おる／ある｝。　　　　b. 犬が ｛いる／おる／ある｝。

この質問は人や動物の存在を表す動詞として「いる／おる／ある」のどれを使うかを聞いています。これには地域差があって、大雑把にいうと東日本では「いる」を使い、西日本では

「おる」を使います。

　それでは「いる」（東日本）と「おる」（西日本）の境界はどのあたりにあるでしょうか？　周りの人と比べてみると面白いかもしれません。

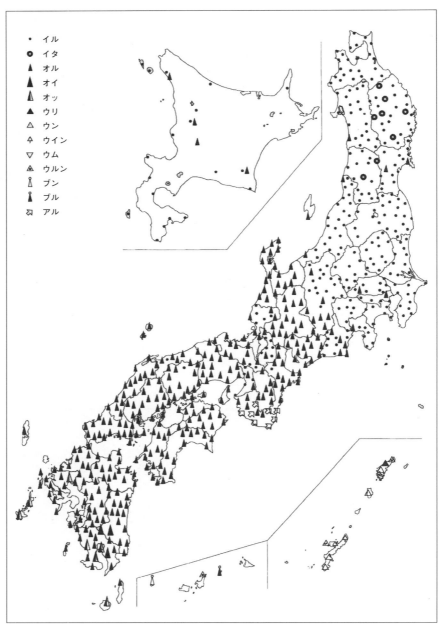

図 2　「いる」(佐藤 2002: 115)

図2は『日本言語地図』第2集第53図「いる」の略図です。言語地図とは、音声・音韻・語・文法的特徴などの場所による違いを白地図上に記号で示したものです。『日本言語地図』とは1957 ～ 1965年に全国約2,400地点で調査をおこなった結果を言語地図にしたもので、調査対象となったのは主に明治生まれの方々です。図から東西方言の境界は、日本海側では富山県と新潟県の間から長野県内を通り、太平洋側では静岡県内を通ることがわかります。しかし、東西方言境界線が常にこの場所を通るわけではなく、言語項目ごとに境界の位置が異なります。例えば図3は①「起きる」の命令形、②「買った」の音便形、③「白く」の音便形、④動詞否定形、⑤コピュラの形態の境界線を重ねたものですが、この5項目だけでも境界が一致しないことがわかるはずです。

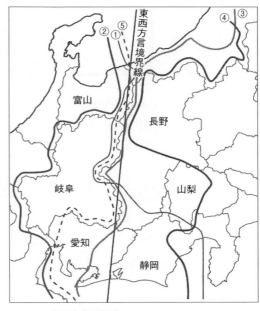

―――― 東西方言境界線
① ―――― 起きよ（い）・起きろの境界線
② ―――― 買うた・買ったの境界線
③ ―――― 白う（白）・白くの境界線
④ ―――― 行かん（ぬ）・行かないの境界線
⑤ - - - - ぢゃ（や）・だの境界線

図3　方言東西境界線（真田 2011: 4）

方言をとおして日本語を考える

　上の4つの問題は、それぞれ日本語の音声・音韻（「ん」の発音）、活用（「違かった」の形態変化）、モダリティ（「のだ」の用法）、言語地理学（方言分布パターン）という領域に関わるものです。すべて答えられたでしょうか？「全部答えられた！」という人は、早速次の課に進んでもっと面白い問題を解いてみてください。答えられなかった人には「私たちは日本語を知らない」ことをわかってもらえたと思います。そして答えられなかったとしても気にすることはありません。本書ではそれぞれ第2・3課（音声・音韻）、第9課（活用）、第12課（モダリティ）、第14課（語彙）で説明していますので、詳しい説明はそちらを参照してください。

　私たちは話すときにいちいち日本語のルールを意識することはありません。しかし実は日本語はたくさんのルールから成り立っているのです。それらのルールが、あるときには協調して、あるときには衝突しあいながら、全体として日本語ということばが成り立っているのです。この本は、日本各地の方言を例に挙げながら、このようなことばのしくみについて考えるために必要な概念と分析方法を紹介していきます。

第**2**課　母音と子音

　言語を構成する最も小さな単位は音です。この課では、言語のしくみを理解するための基本として、個々の母音や子音がどのように発音されるかを考えます。

母音の発音のしくみ

　標準語にはa、i、u、e、oの5つの母音があります。図1はそれぞれの母音を発音しているときの口腔断面図です。aを発音するとき口は広く開き、舌は低い位置にあります。逆に、i、uを発音するとき口は狭くなり、舌は高く盛り上がります。舌の前寄りが盛り上がるとi、後寄りが盛り上がるとuです。

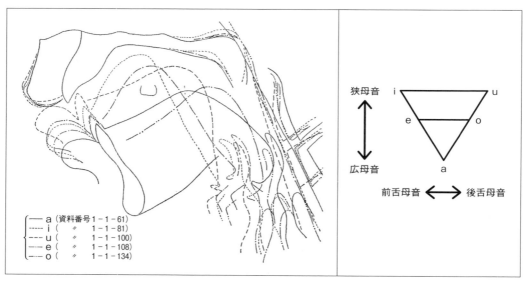

```
┌── a (資料番号 1-1-61)
├···· i (  〃    1-1-81)
├─── u (  〃    1-1-100)
├─·─ e (  〃    1-1-108)
└─·· o (  〃    1-1-134)
```

図1　各母音発音時の口腔断面図
（国立国語研究所 1978: 128）

図2　母音三角形

狭母音　i　　　　　u
　　　　　　e　　o
広母音　　　　a

前舌母音　←→　後舌母音

　この舌の動きを単純に図式化したのが図2の母音三角形です。舌が低くて口が広くなるaは広母音（ひろぼいん）と呼び、舌が高くて口が狭くなるi、uは狭母音（せまぼいん）と呼びます。同じ狭母音でも、舌の前寄りが盛り上がるiは前舌母音（まえじた（ぜんぜつ）ぼいん）、後寄りが盛り上がるuは後舌母音（うしろじた（こうぜつ）ぼいん）と呼びます。母音の音声は舌の位置を変えるのにあわせて連続的に変わるもので、eはiとaの中間、oはuとaの中間に位置づけられます。

■ **基本問題 1** ♪**サウンド 1**

　サウンド 1 のまねをして、a を発音しながら口をゆっくり狭く閉じていき、舌の前寄りを盛り上げて i の音に近づけましょう。次に、a を発音しながら口を動かして u の音に近づけましょう。最後に、i を発音しながら舌の盛り上がりを後寄りにして u に近づけましょう。

■ **基本問題 2** ♪**サウンド 2**

　サウンド 2 は日本語（標準語）と英語でそれぞれの語を読み上げたものです。どちらも「ウ」のような母音を使いますが、日本語の「ウ」と英語の「ウ」は少し違って聞こえます。どのような違いがあるでしょうか？

　　（1）プール／ pool　　（2）クール／ cool　　（3）ルール／ rule

　英語の「ウ」は唇を丸めて発音することが多いですが、日本語の「ウ」は唇をあまり丸めずに発音されることが多いです。ただし、日本語でも西日本の諸方言では唇を丸めて発音することが多いです。皆さんの「ウ」はどうでしょうか？　このような音声の違いを正確に表すときには音声記号を使います。音声記号は [　] のカッコで表記されるもので、唇を丸めた「ウ」は [u]、丸めない「ウ」は [ɯ] と書きます。唇が丸まる母音は**円唇母音**、丸まらない母音は**非円唇母音**と呼びます。日本語でも「オ」は円唇母音 [o] として発音されることが多いです。

　母音の音声は、①口の開きの広／狭、②舌の盛り上がりの前／後、③円唇／非円唇の 3 つの要素で決まります。図 2 より詳しく、この 3 要素をもとに世界の諸言語の母音を整理したのが本書巻末にある**国際音声記号（IPA）**の母音の図です。この図では口の開きの広／狭が 4 段階、舌の盛り上がりの前／後が 3 段階で示され、2 つ並んだ記号のうち左が非円唇、右が円唇の母音を表します。

事例研究 1 : 愛知県尾張方言の [æ:] [y:] [œ:]　♪**サウンド 3**

　方言では標準語と異なる母音を使うことがあります。例えば、名古屋市を中心とした愛知県尾張地方の伝統的な方言では、標準語の [ai] [ui] [oi] に対応した母音として [æ:] [y:] [œ:] が使われることがあります。発音のしくみを知っていると、標準語にない母音でも、国際音声記号の表をもとに、それがどんな母音か把握することができます。試しに、実際の発音を聞いてみましょう。ここで挙げるのは愛知県一宮市木曽川町方言で次の語を読み上げた音声です。

　　（4）ない　　（5）早い　　（6）大根　　（7）ついたち　　（8）こいのぼり

子音の発音のしくみ

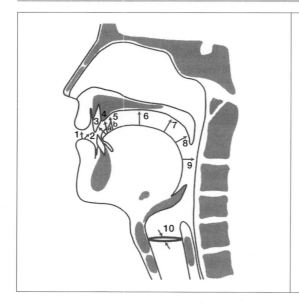

1	下唇→上唇	両唇音
2	下唇→上歯	唇歯音
3	舌尖／舌端→上歯の裏	歯音
4	舌端→歯茎	歯茎音
5a	舌尖→歯茎後部	そり舌音
5b	舌端→歯茎後部	後部歯茎音
6	前舌→硬口蓋	硬口蓋音
7	後舌→軟口蓋	軟口蓋音
8	後舌→軟口蓋の縁・口蓋垂	口蓋垂音
9	舌根→咽頭壁	咽頭音
10	声帯⇄声帯	声門音

図3　調音の位置と子音の呼称 (斎藤 2006: 20)

　肺から口の外に向かって流れる気流がどこかで妨害されると子音が生じます。例えばアパ [apa] と発音してみましょう。[p] を発音するとき、上下の唇が閉じて気流が妨害されます。ア タ [ata]、アカ [aka] ではどうでしょう。[t] では舌の先が歯の裏側の歯茎(しけい・はぐき)にあたって、[k] では舌の後側が軟口蓋(なんこうがい)(図3の7) という部分にあたって気流が妨害されます。気流を妨害する 場所を調音の位置と呼びます。調音の位置の違いによってさまざまな子音が発音されるわけで す。それぞれの位置で調音される子音の呼びかたは図3のとおりです。唇や舌が矢印で示さ れたように動き、それぞれの位置で調音されます。

　調音の位置が同じでも、気流を妨害する方法 (調音の方法) が違うと音声も違います。例え ばアタ [ata]、アナ [ana]、アラ [aɾa]、アサ [asa] という発音を比べましょう。[t]、[n]、[ɾ]、 [s] の調音の位置はすべて歯茎ですが調音の方法が違います。[t] は舌と歯茎を密着させて気流 を閉鎖した後破裂するように気流を開放します (破裂音または閉鎖音といいます)。[n] は舌と 歯茎が密着しますが気流は鼻に抜けます (鼻音)。[ɾ] は舌で歯茎を瞬間的に弾くだけです (は じき音)。[s] は舌と歯茎が密着せず、わずかな隙間から息もれのような音が生じます (摩擦音)。 このほか、調音の位置は歯茎より奥の硬口蓋ですが、ヤ行子音 [j] のように、摩擦音よりも隙 間が広く、舌が接近するだけで生じる音もあります (接近音)。また、ツの子音 [ts] のように 気流が閉鎖した後摩擦する音もあります (破擦音)。

■ **基本問題3** ♪**サウンド4**

　喉に軽く手をあてながら、サウンド4を参考に [s] と [z] を長く引き伸ばして発音しましょう。喉の状態は、[s] と [z] でどのように違いますか？

　喉の中には**声門**という場所があります。声門は気流をふさぐ門のようなもので、左右一対の**声帯**というひだでできています。[s] を発音するとき声門は開いていますが、[z] を発音するとき声門は閉じていて、声門を気流が通るとき声帯が震えます。声帯が震えて生じる空気の振動を音声学的に声と呼びます。[s] のように声が生じない音を**無声音**、[z] のように声帯が震えて声が生じる音を**有声音**と呼びます。

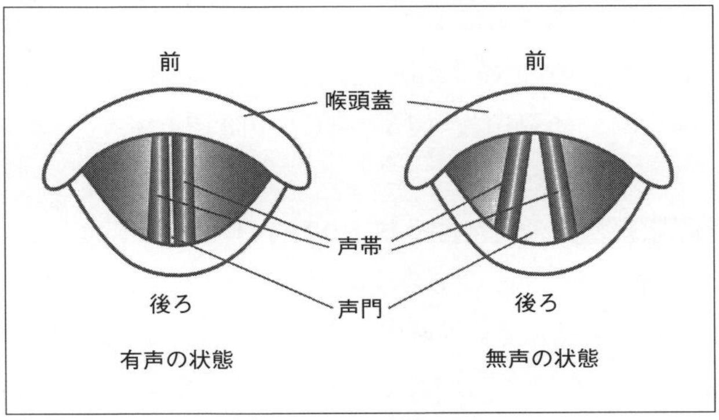

図4　声帯（後ろ上方からみたところ）
（斎藤 2006: 18）

■ **基本問題4**

　次の音を発音しましょう。発音が難しい場合、それがなぜなのか考えましょう。

　　（9）が　　（10）ざ　　（11）ま　　（12）あ

　日本語のカ行・ガ行、サ行・ザ行、タ行・ダ行、ハ行・バ行には**清音**と**濁音**の区別があります。これらの行では、清音の子音は無声音、濁音の子音は有声音です。清濁の区別のない行では、子音はすべて有声音です。母音もすべて有声音です。ラ行子音 [ɾ] のように瞬間的に発せ

られる子音では確認できませんが、[m] や [a] を発音しながら喉に手をあてると声帯の震えがあり、有声音であることがわかります。清濁の区別のない行では、もともと子音が有声音の音なので対応する濁音を想定することができず、すべて清音とみなされるわけです。

さて、以上のように、子音の音声は、①調音の位置、②調音の方法、③有声／無声の3つの要素で決まります。この3要素をもとに世界の諸言語の子音を整理したのが本書巻末にある国際音声記号の子音の表です。例えば、この表から [s] は「無声歯茎摩擦音」であることがわかります。これらの子音のうち、標準語で使われるものについては次の課で解説します。

国際音声記号の表にある子音の調音の位置は図3のとおりです。調音の方法のうち、破裂音、鼻音、はじき音、摩擦音、接近音については上で説明しました。このほか、ラ行音を巻き舌で発音するときの子音 [r] のように口のどこかを震わせる音を震え音、英語の [l] のように舌の側面から気流が抜ける音を側面接近音、舌の側面に隙間ができて息もれのような摩擦が生じる音を側面摩擦音といいます。

表外にあるそのほかの子音のうち、日本語のワ行子音 [w] は上下の唇（図3の1）、後舌と軟口蓋（図3の7）の2か所が接近する両唇軟口蓋接近音です。シ、ジの子音 [ɕ] [ʑ] は歯茎後部（図3の5）と硬口蓋（図3の6）の中間で摩擦が生じる歯茎硬口蓋摩擦音です。

事例研究2：沖縄宮古諸方言の子音 [f]

標準語の「ふ」の子音はローマ字でfと書かれることがありますが、英語のような唇歯摩擦音の [f] ではなく、両唇摩擦音 [ɸ] で発音されるのが一般的とされます。ところが、沖縄県宮古諸島の諸方言では [f] が使われます。第14課、第16課で紹介する「危機言語データベース」（https://kikigengo.ninjal.ac.jp）の基礎語彙のページでは、実際の音声を聞くことができます。このデータベースで宮古の池間西原方言の語彙を検索すると、[fu̥tai]（額）、[fusɨ̥]（節）などの語があります（記号 [̥] は、通常なら有声音の [u] [ɨ] が無声化していることを表します）。このような標準語と異なる子音も、国際音声記号の表をもとに、調音の位置、調音の方法、有声／無声の3つの要素で考えると、それがどんな子音か把握できます。

■発展問題1：ちょっと違う「ふ」 ♪サウンド5

サウンド5の音声は福島県北部方言の話者が次の語を読み上げたものです。国際音声記号の子音の表をもとに「ふ」の子音にどの音声が使われているか考えましょう。また、その子音を使ってこれらの語を発音しましょう。

（13）ふね 　　（14）ふだ 　　（15）ふゆ 　　（16）ふぐ

音素（音韻）とミニマルペア

■**基本問題5** 🎵**サウンド6**

　サウンド6は次の音声記号で表される音声を発音した
ものです。それぞれの音声はア、イのどちらの絵を表し
ているでしょう。

　　（17）[kɯma]　　　（18）[kuma]　　　（19）[koma]

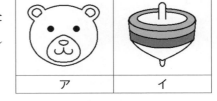

　母音に関連して、[ɯ] が非円唇母音、[u] が円唇母音であることを説明しました。[ɯ] と [u]
は音声としては別の音ですが、日本語という言語のしくみの中では同じ音として認識されます。
一方、[o] は [ɯ]、[u] とは別の音と認識されます。例えば、[kɯma] と [kuma] はどちらも動物
の「熊」を表しますが、[koma] はおもちゃの「こま」という別の語を表します。

　このように、口から発せられた具体的な**音声**でなく、言語のしくみの中で同じ音と認識され
る抽象的な音の概念を**音素**（あるいは**音韻**）と呼びます。この例の場合、[ɯ] と [u] は音声と
しては別の音ですが、日本語のしくみの中では同じ音素と認識されます。この音素はɯと表
してもuと表してもよいのですが、通常は見慣れた字であるuを使って書きます。特に音声
と区別して音素を表記するときは /u/ のように / / の記号で囲って示します。音素 /u/ は音声
[ɯ] [u] のどちらで発音してもよいというわけです。

　[ɯ] と [u] のように同じ音素として使われる別の音声を**異音**といいます。[ɯ] と [u] は個人
差や場面差によって自由に使われる異音なので**自由異音**といいます（このほか、次の課で説明
する条件異音があります）。標準語では [ɯ] を使うことが多いですが、場合によっては [u] を
使うこともあります。唇の丸めが中くらいの [ɯ] と [u] の中間的な音声になることもあります。

　/u/ と /o/ が別の音素として認識されることは、「熊」と「こま」のように1か所だけ音素が
異なることで別の意味になる語のペアを挙げることで証明できます。このような語のペアをミ

ニマルペア（最小対）といいます。「熊」と「こま」のほか、「浮く」と「置く」、「ミス」と「味噌」なども /u/ と /o/ のミニマルペアです。このとき、/u/ と /o/ が語の区別に関わることを「語を弁別する」と表現し、その区別のことを**弁別的対立**といいます。

■ 基本問題 6

日本語（標準語）で次の音素が区別されることを証明するミニマルペアの例を挙げましょう。

(20) /i/ と /u/   (21) /k/ と /g/   (22) /t/ と /n/   (23) /b/ と /d/

(20)
(21)
(22)
(23)

■ 基本問題 7　♪サウンド 7

サウンド 7 は次に示す韓国語の語を読み上げたものです。ここから韓国語の母音音素についてどのようなことがわかるか説明してみましょう。

(24) 는 [nɯn]（助詞「は」）   (25) 눈 [nun]（雪、目）

(26) 즉 [tɕɯk]（つまり）   (27) 죽 [tɕuk]（お粥）

言語によってどの音とどの音を区別するかは異なります。日本語では [ɯ] と [u] を区別しませんが、韓国語では늘 [nɯn] (助詞「は」) と눈 [nun] (雪、目) のようなミニマルペアから [ɯ] と [u] が弁別的対立をなすことがわかります。よって、韓国語では /ɯ/ と /u/ という 2 つの音素が設定されます。ほかにも、英語の場合、right [ɹaɪt] (右) と light [laɪt] (光) というミニマルペアがあるので /r/ と /l/ が別の音素として設定されます。日本語母語話者には同じ音に聞こえる音も、ほかの言語では区別されることがあるわけです。

音素表記

　ことばを文字に書く習慣は人類の歴史上、かなり最近になって広まったもので、今でも世界には文字を持たない言語がたくさんあります。日本語の方言もそのような無文字言語の 1 つです。例えば、愛知県尾張方言の例として挙げた [æː] [yː] [œː] という母音を書き表すには、特別な文字表記を考えねばなりません。音と文字をくらべた場合、ことばに不可欠な要素はあくまで音であり、文字は音を視覚的に伝えるために後から生み出されたものといえます。

　ですから、ことばを分析するとき、漢字やかななど既存の文字にとらわれず音を基準に考えねばならないことがあります。そのようなとき、音素でそのことばを書き表したものを音素表記といいます。上で書いたように / / の記号で囲うのが正式ですが、わざわざ / / の記号を使わないことも多くあります。本書でも活用の分析などで音素表記を用います。方言によっては標準語と異なる音素が設定される場合がありますが、特に断りのない場合、次の課で示す標準語の音素と同じ音素が使われると思って読み進めてください。

第3課 | 五十音図と特殊拍

　第2課では母音と子音の発音のしくみについて考えました。この課では、私たちにとって見慣れた五十音図をもとに、五十音や「ー」「っ」「ん」などの音が具体的にどのような音声で発音されるか考えます。

条件異音

　皆さんは「ハ行」の子音をどう発音しているでしょうか？第2課でみたように方言によって異なる場合がありますが、ここでは標準語の場合について整理します。「は」「へ」「ほ」の子音は無声声門摩擦音 [h]、「ひ」の子音は無声硬口蓋摩擦音 [ç]、「ふ」の子音は無声両唇摩擦音 [ɸ] で発音するのが標準的とされます。つまり、同じ「ハ行」の子音と認識され

表1　/h/ の条件異音

音素	音声	条件
/h/	[h]	/a/ /e/ /o/ の前
	[ç]	/i/ の前
	[ɸ]	/u/ の前

る音素 /h/ が [ha]、[çi]、[ɸɯ]、[he]、[ho] と、3種類の異音 [h]、[ç]、[ɸ] で発音されます。
　しかし、自由異音の場合（第2課）と違い、ここには上の表1のような規則性があります。音素 /h/ は /a/ /e/ /o/ の前では [h] になり、/i/ の前では [ç] になり、/u/ の前では [ɸ] になるという規則です。音素 /h/ はどの母音の前にあるかによって3種類の音声に変身するわけです。このように、前後の音に条件づけられて異音が規則的に現れることを**相補分布**といい、そこで使われる異音のことを**条件異音**といいます。

■基本問題1

　「ハ行」と同様に「サ行」「タ行」の子音にも条件異音が現れます。実際に発音しながら、どのような条件で異音が現れるか考えましょう。「さしすせそ」「たちつてと」をローマ字でどう書くか意識すると気づきやすいはずです。

複数の音声を1つの音素の条件異音とみるべきか、別々の音素とみるべきかは場合によって異なります。上の例では [h] と [ɸ] を1つの音素 /h/ の条件異音とみなしました。しかし、多くの外来語を受け入れた現在の日本語では /u/ の前以外でも [ɸ] の音が現れます。例えば、「ファイヤー」という語は日本語として定着しつつあるようにも思えます。だとすると、次のようなミニマルペアをもとに [ɸ] を /h/ とは別の音素とみなしたほうがよいことになります。

　　例）ファイヤー／ハイヤー、フィット／ヒット、フェア／ヘア、フォーム／ホーム

　音素や条件異音をどう設定するかは、時代的な変化や方言の違い、研究者の解釈によって違います。1つの決まった正解があるとは限りません。

五十音図

　日本語の音を整理したものとしてなじみ深い五十音図を具体的な音声とあわせて示すと次のようになります。それぞれの音声がどのようなしくみで発音されるかについては、巻末の国際音声記号の図表で確認してください。

表2　標準語の五十音図（清音の直音）

ワ行 /w/	ラ行 /r/	ヤ行 /j/	マ行 /m/	ハ行 /h/	ナ行 /n/	タ行 /t/	サ行 /s/	カ行 /k/	ア行
わ /wa/ [wa]	ら /ra/ [ɾa]	や /ja/ [ja]	ま /ma/ [ma]	は /ha/ [ha]	な /na/ [na]	た /ta/ [ta]	さ /sa/ [sa]	か /ka/ [ka]	あ /a/ [a]
	り /ri/ [ɾʲi]		み /mi/ [mʲi]	ひ /hi/ [çi]	に /ni/ [nʲi]	ち /ti/ [tɕi]	し /si/ [ɕi]	き /ki/ [kʲi]	い /i/ [i]
	る /ru/ [ɾɯ]	ゆ /ju/ [jɯ]	む /mu/ [mɯ]	ふ /hu/ [ɸɯ]	ぬ /nu/ [nɯ]	つ /tu/ [tsɯ]	す /su/ [sɯ]	く /ku/ [kɯ]	う /u/ [ɯ]
	れ /re/ [ɾe]		め /me/ [me]	へ /he/ [he]	ね /ne/ [ne]	て /te/ [te]	せ /se/ [se]	け /ke/ [ke]	え /e/ [e]
	ろ /ro/ [ɾo]	よ /jo/ [jo]	も /mo/ [mo]	ほ /ho/ [ho]	の /no/ [no]	と /to/ [to]	そ /so/ [so]	こ /ko/ [ko]	お /o/ [o]

　標準語のヤ行子音は有声硬口蓋接近音であり、[j] の音声記号で示されます。国際音声記号の決まりとして、[y] はフランス語、中国語などで使われる円唇前舌狭母音を表すことになっ

ています。ラ行子音は有声歯茎はじき音であり、rの左肩が落ちた [ɾ] の音声記号で示されます。左肩のついた [r] はスペイン語やロシア語で使われる有声歯茎震え音（巻き舌のr）を表します。

　音素の設定は場合によって異なり、音声にも自由異音があるので、この表に示すのはあくまで一例です。上でみたように [ɸ] を /h/ と別の音素とみなすなら、「ファ行」という行を加える必要があります。音声については、代表的なものを1つ示しましたが、さまざまな異音がありえます。例えば、「が」の子音 /g/ は「かがみ /kagami/」のように母音に挟まれたとき、人によって、有声軟口蓋鼻音 [ŋ]（いわゆる鼻濁音）や有声軟口蓋摩擦音 [ɣ] になることがあります。

表3　標準語の五十音図（濁音・半濁音の直音）

パ行 /p/	バ行 /b/	ダ行 /d/	ザ行 /z/	ガ行 /g/
ぱ /pa/ [pa]	ば /ba/ [ba]	だ /da/ [da]	ざ /za/ [dza]	が /ga/ [ga]
ぴ /pi/ [pʲi]	び /bi/ [bʲi]	ぢ /zi/ [dʑi]	じ /zi/ [dʑi]	ぎ /gi/ [gʲi]
ぷ /pu/ [pɯ]	ぶ /bu/ [bɯ]	づ /zu/ [dzɯ]	ず /zu/ [dzɯ]	ぐ /gu/ [gɯ]
ぺ /pe/ [pe]	べ /be/ [be]	で /de/ [de]	ぜ /ze/ [dze]	げ /ge/ [ge]
ぽ /po/ [po]	ほ /bo/ [bo]	ど /do/ [do]	ぞ /zo/ [dzo]	ご /go/ [go]

図1　[k] の硬口蓋化
（斎藤 2006: 64）

同時に前舌が硬口蓋に向かって高まっている

[kʲ]

※「じ／ぢ」「ず／づ」は文字としては区別されるが音素としては同じ /zi/ /zu/ とみなされる

　「きゃ、きゅ、きょ」のように、かな表記したとき小さい「ゃ、ゅ、ょ」を含む音を拗音と呼びます（含まない音は直音と呼びます）。イ段音と拗音では、子音を発音するとき、上の図のように舌が硬口蓋に向けて少し盛り上がります。これを硬口蓋化といい、硬口蓋化した子音は音声記号で [ʲ] の補助記号がつきます。「し」「じ」「ち」「ひ」と「シャ行」「ジャ行」「チャ行」「ヒャ行」の子音は、調音の位置そのものが硬口蓋に近づき、歯茎硬口蓋音の [ɕ] [dʑ] [tɕ]、硬口蓋音の [ç] として発音されます。「か」/ka/ [ka] に対する「きゃ」/kja/ [kʲa] のように、拗音は /j/ を使って音素表記します。

表 4　標準語の五十音図（清音・濁音・半濁音の拗音）

リャ行 /rj/	ミャ行 /mj/	ピャ行 /pj/	ビャ行 /bj/	ヒャ行 /hj/	ニャ行 /nj/	チャ行 /tj/	ジャ行 /zj/	シャ行 /sj/	ギャ行 /gj/	キャ行 /kj/
りゃ /rja/ [ɾʲa]	みゃ /mja/ [mʲa]	ぴゃ /pja/ [pʲa]	びゃ /bja/ [bʲa]	ひゃ /hja/ [ça]	にゃ /nja/ [nʲa]	ちゃ /tja/ [tɕa]	じゃ /zja/ [dʑa]	しゃ /sja/ [ɕa]	ぎゃ /gja/ [gʲa]	きゃ /kja/ [kʲa]
りゅ /rju/ [ɾʲɯ]	みゅ /mju/ [mʲɯ]	ぴゅ /pju/ [pʲɯ]	びゅ /bju/ [bʲɯ]	ひゅ /hju/ [çɯ]	にゅ /nju/ [nʲɯ]	ちゅ /tju/ [tɕɯ]	じゅ /zju/ [dʑɯ]	しゅ /sju/ [ɕɯ]	ぎゅ /gju/ [gʲɯ]	きゅ /kju/ [kʲɯ]
りょ /rjo/ [ɾʲo]	みょ /mjo/ [mʲo]	ぴょ /pjo/ [pʲo]	びょ /bjo/ [bʲo]	ひょ /hjo/ [ço]	にょ /njo/ [nʲo]	ちょ /tjo/ [tɕo]	じょ /zjo/ [dʑo]	しょ /sjo/ [ɕo]	ぎょ /gjo/ [gʲo]	きょ /kjo/ [kʲo]

長音・促音・撥音

　上の五十音図の音のほか、日本語には特殊な音として「ー」「っ」「ん」があります。これらの音は場合によってさまざまな音声で発音されます。

■ 基本問題 2

　次に示す「ー」、「っ」の音は、場合によって違う音声で発音されます。どのような音声で発音されるか説明しましょう。個々の語の例について説明するだけでなく、どの条件のときどの音声になるかを規則として説明できるとなおよいです。

　　（1）　カード、シーツ、ムード、ゲーム、ソース

　　（2）　かっぱ、あっさり、あさって、らっこ

（1）

（2）

　「ー」は**長音**といい、「カード」[kaːdo]、「ゲーム」[geːmɯ] のように前の母音が長く延びることで発音されます。この音を前の母音音素が連続したものとみなして /kaado/、/geemu/ のように解釈することもありますが、長音を 1 つの音素 /R/ とみなして /kaRdo/、/geRmu/ と解釈

することもあります。この場合、音素 /R/ に対して条件異音 [a]、[i]、[ɯ]、[e]、[o] があることになります。

「っ」は促音といい、「かっぱ」[kappa]、「あっさり」[assari] のように後の子音と同じ子音で発音されます。[pp] のように破裂音が 2 つ連続する場合、「っ」にあたる 1 つ目の [p] では破裂が生じません。2 音分の長い気流の閉鎖の後に 2 つ目の [p] でだけ破裂が生じます。[ss] のように摩擦音が連続する場合、2 音分の長い摩擦が生じます。

「っ」の音を通常の子音音素とみなして /kappa/、/assari/ と解釈することもありますが、1 つの音素 /Q/ とみなして /kaQpa/、/aQsari/ と解釈することもあります。その場合、音素 /Q/ には後の子音に応じて [p] や [s] などさまざまな条件異音があることになります。

■ 基本問題 3

音素 /R/、/Q/ を設定した場合、基本問題 2 に挙げた語はどのように音素表記されるか考えましょう。

（1）カード、シーツ、ムード、ゲーム、ソース

（2）かっぱ、あっさり、あさって、らっこ

第 1 課で紹介した「ん」は撥音と呼ばれる音で /N/ と音素表記されます。右の表 5 のように、いくつかの条件異音があります。例えば、「散歩」[sampo]、「三倍」[sambai]、「さんま」[samma] のように、両唇音 /p/ /b/ /m/ の前では /N/ も両唇音の [m] で発音されます。[n]、[ŋ] で発音される例

表 5　撥音 /N/ の条件異音

音素	音声	条件
/N/	[m]	両唇音 /p/ /b/ /m/ の前
	[n]	歯茎音 /t/ /d/ /n/ /r/ の前
	[ŋ]	軟口蓋音 /k/ /g/ の前

は第 1 課を振り返ったり、自分で例を考えたりしてください。撥音 /N/ にはこの表に示した以外にも、さまざまな条件でさまざまな異音があります。人による個人差もあります。どの異音にも共通するのは、鼻に気流が抜ける鼻音であるということです。

長音、促音、撥音を独立した 1 つの音素とみなすかについては、研究者によってさまざまな立場があります。本書では、必要に応じてこれらを 1 つの音素とみなし、/R/、/Q/、/N/ と音素表記します。

次の語の下線で示した「ん」の音がどの音声で発音されるか考えましょう。

（3）サンタ　　（4）はんこ　　（5）サンバ　　（6）さんかんび (参観日)

(3)
(4)
(5)
(6)

特殊拍

■ 基本問題 5

しりとりで語末が「ん」の語を言うと負けになるのはなぜか説明しましょう。

　長音、促音、撥音は、前後の音によって異なる音声で発音されます。また、基本的に単独で使われることはなく、ほかの音の後にくっついて使われます。長音、促音、撥音で始まる語は原則として標準語にはありませんし、長音と促音は単独で発音することができません。このような共通点から、長音、促音、撥音をまとめて**特殊拍**と呼びます。特殊拍はほかの音の後に付属して発音される音で、音声も前後の音によって変わるという点で、独立性の低い音です。

　ただし、全国の方言に目を向けると「んめ (梅)」「んまい (うまい)」のように撥音で始まる語があることは珍しくありません。沖縄首里方言の「んに (胸)」「んかし (昔)」のように「ん」で始まる語がさらに豊富な方言もあります。

拍と音節

　俳句や短歌を思い出してみましょう。「ふ・る・い・け・や、か・わ・ず・と・び・こ・む、み・ず・の・お・と」のように、俳句、短歌は「5、7、5」や「5、7、5、7、7」のリズムで作られます。日本語の多くの方言では、拍（モーラ）を基準にこのリズムを認識します。拍とは、話者にとって感覚的に「同じ長さ」と感じられる音の単位で、「カ・ー・ド」や「き・っ・ぷ」「た・ん・す」のように、特殊拍も 1 つの拍とみなされます。

　しかし、特殊拍は実際には独立して発音されるわけではなく、「カー・ド」「きっ・ぷ」「たん・す」のように前の拍と一体化して発音されます。このように一体化して発音される音の単位を音節（シラブル）といいます。音節は発音上のひとまとまりとして英語にも存在する概念です。例えば、important という語は im-por-tant という 3 つの音節から成り立ちます。

　日本語に即していうと、拍とは特殊拍を独立した音とみなした場合の音の単位、音節とは特殊拍を独立させずに考えた場合の音の単位ということになります。上の例だと、「カード」「きっぷ」「たんす」は 3 拍で 2 音節の語になります。

■ 基本問題 6

　次に挙げる拍数、音節数の語をできるだけたくさん挙げましょう。

　　（7）4 拍で 2 音節の語　　　（8）5 拍で 4 音節の語　　　（9）8 拍で 6 音節の語

（7）
（8）
（9）

　日本語の多くの方言では、拍を基準に「同じ長さ」の音を認識しますが、東北北部や九州南部には音節を単位として「同じ長さ」を認識する方言があります。前者をモーラ方言、後者をシラビーム方言といいます。シラビーム方言では、標準語に比べて、特殊拍は弱く目立たなく発音されます。特殊拍は日本語に特有の要素なので、ほかの言語が母語の人が日本語を学習して話すとき「ようこそ」を「よこそ」、「いらっしゃい」を「いらしゃい」のように特殊拍を明

確に発音しないことがあります。シラビーム方言の特殊拍の発音は、それに似ているかもしれません。

■ 発展問題 1 : 宮沢賢治の方言短歌

　次の短歌は岩手方言話者の宮沢賢治が方言で詠んだ短歌です。この短歌にどのようなシラビーム方言的特徴が現れているか説明しましょう。なお、「チャグチャグ馬コ」とは岩手県の初夏の祭り、および祭りで行列をなす馬のことです。

（10）　夜明げには　まだ間あるのに　下のはし　ちゃんがちゃがうまこ　見さ出はたひと
（標準語訳：夜明けには、まだ間があるのに、下の橋に、チャグチャグ馬コを、見に出てきた人（「出はた」は「出かけた」の意味））

（11）　いしょけめに　ちゃがちゃがうまこ　はせでげば　夜明げの為が　泣ぐだぁいよな気もす（標準語訳：一生懸命に、チャグチャグ馬コが、馳せていくと、夜明けのためか、泣きたいような気もする）

第4課　アクセント

アクセントとイントネーション

　音の高低に関する概念のうち、主に、1つの語を単位に考えた音の高低をアクセント、複数の語や文全体を単位に考えた音の高低をイントネーションといいます。

　1つの語のどこを高く発音するかはアクセントの問題です。基本的に1つの語に1つのアクセントの上下動の山があります。この上下動の山によって、どこからどこまでが1つの語なのかがわかります。例えば、「いまひとつ」が1つの語、「今、ひとつ」が2つの語であることは、上下動の山が1つなのか2つなのかでわかります。

（1）「あの映画、面白かった？」「うーん、いまひとつ」

（2）「お子さんは何歳ですか？」「えーと、今ひとつ」

図1　「いまひとつ」（左）と「今、ひとつ」（右）のアクセント

♪サウンド8

■基本問題1　♪サウンド9

　次の文は音の高低のつけかたによって意味が変わります。サウンド9の音声を聞き、上の「いまひとつ」の例にならって、どう意味が変わるか説明しましょう。

（3）ほらあな　　（4）くじを引いてもらった　　（5）ねえちゃんと風呂入ってる？

（3）

（4）

（5）

複数の語からなる「被害者の先生の奥さん」という表現は「［被害者の先生］の奥さん」（被害者＝先生）という構造か「被害者の［先生の奥さん］」（被害者＝先生の奥さん）という構造かによって音の高低の区切れ目が違います。これはイントネーションの問題です。イントネーションの区切れ目ではポーズ（間）が入ることが多くあります。イントネーションとポーズが構造の区切れ目を表すわけです。

図2　イントネーションによる「被害者の先生の奥さん」の意味の違い
♪サウンド10

■基本問題2　♪サウンド11
　「昨日お祝いをくれた人にお礼をした。」という文は、イントネーションによって意味が異なります。サウンド11を聞いてどのように異なるか説明しましょう。

　また、例えば「大阪のたこ焼きはうまい」という文で、ほかの食べ物ではなくたこ焼きのうまさだけを強調する場合、「たこ焼きは」が際立って高く発音されることがあります。これもイントネーションの問題です。このような強調によるイントネーションの変化をプロミネンスといいます。

図3　「たこ焼き」を強調しない場合（左）と強調する場合（右）
♪サウンド12

文末の音の高低は文末イントネーションといいます。例えば、同じ「雨か。」という文でも、下降調イントネーションだと雨に気づいたことを表す文になります。上昇調イントネーションだと雨かどうか疑う疑問文になります。この場合、「雨」という語のアクセントによる音の高低（東京方言ではアが高く、メが低い）は維持したまま、その後に文末イントネーションが実現します。

図4　下降調（左）と上昇調（右）の「雨か」
♪サウンド13 »

■ 発展問題1：終助詞と文末イントネーション

「騒ぐなよ。」という文は、文末のイントネーションが上昇調か下降調かによって意味が異なります。どのように意味が異なるか、具体的な文脈の例を挙げて説明しましょう。なお、イントネーションには方言差や個人差があるので、答えは人によって違います。方言差や個人差と関係なく、挙例と結論に整合性があればよい解答だといえます。

東京方言のアクセントのしくみ

イントネーションとの違いを整理したところで、語を単位にした音の高低であるアクセントについて考えます。日本語の多くの方言で、アクセントは高と低の2段階で示されます。まずは東京方言で考えます。東京方言の「雨」はアが高、メが低のアク

図5　「雨」と「飴」のアクセント
♪サウンド14 »

セントで実現します。逆に「飴」はアが低、メが高のアクセントです。「橋」と「端」のように後ろにつく助詞の高低が変わる語もあります。そのため、アクセントは語だけでなく助詞のついた形で示すことがあります。その場合、前の語と後ろの助詞はアクセントの面で一体化したものと捉えます。このような高低のパターンをアクセント型と呼びます。

図6 「箸が」「橋が」「端が」のアクセント（東京方言）
♪サウンド 15

　東京方言では、語にアクセント核というものが決まっていて、核の後でアクセントが下がります。「箸」はハに核があるので、ハの後でアクセントが下がります。「橋」はシに核があるので、シの後でアクセントが下がります。「端」には核がありません。「端」のように核がない語ではアクセントは下がりません。これがアクセントの下がりかたについての規則です。

　また、「箸」のように核が語の1拍目にある場合、1拍目だけが高いアクセント型になります。それ以外の語では、語の1拍目から2拍目にかけてアクセントが上がります。これがアクセントの上がりかたについての基本的な規則です。

　このように、核の位置さえわかればアクセントの上がる箇所と下がる箇所がわかるので、その語のアクセント型がわかります。東京方言話者は無意識にこれを覚えているわけです。語の核の位置は、国語辞典で①、②、⓪などの数字で示されていることがあります。①、②、③…という数字は、その語のアクセント核が1拍目、2拍目、3拍目…にあることを示します。⓪という数字は、その語に核がないことを示します。

はし①【箸】食べ物を挟むのに使う二本の棒。
はし②【橋】川などの上に通行のため渡したもの。
はし⓪【端】物の周辺の部分。へり。

図7　国語辞典における
　　アクセントの表記例

▪基本問題 3

　サウンド16〜22として示す東京方言の音声を聞いて、カタカナで示した語のアクセント型をカタカナの上下に線を書き込む形で答えましょう。ララ、ラララ、ラララは、それぞれ、1拍語、2拍語、3拍語に助詞がついた単位を表しています。

［1拍語＋助詞］　♪サウンド16　♪サウンド17

　　a. ラ ラ　　　　　　b. ラ ラ

　　c. エ ガ 長い。（柄）　d. エ ガ うまい。（絵）

［2 拍語＋助詞］　♪サウンド18　♪サウンド19　♪サウンド20

a. ラ ラ ラ ラ　　b. ラ ラ ラ ラ　　c. ラ ラ ラ ラ

d. ア メ ガ 降る。(雨)　　e. ア メ ガ なめたい。(飴)

f. カ ミ ニ 書く。(紙)　　g. カ ミ ニ 祈る。(神)

h. カ ミ ニ 優しい。(髪)

［3 拍語＋助詞］　♪サウンド21　♪サウンド22

a. ラ ラ ラ ラ ラ　　　　　　b. ラ ラ ラ ラ ラ

c. ラ ラ ラ ラ ラ　　　　　　d. ラ ラ ラ ラ ラ

e. サ カ ナ ガ 食べたい。　　f. ム ス メ ガ 笑っている。

g. ハ タ チ ニ なりました。　h. タ マ ゴ ガ 割れた。

■ 基本問題4

　次の語について国語辞典で調べたところ、アクセント核に関する情報が丸数字で示されていました。これらの語が具体的にどのようなアクセントの型をとるか、カタカナの上下に線を書き込む形で答えましょう。

a. 男③　オ ト コ ガ　　b. しくみ⓪　シ ク ミ ガ

c. アルカロイド④　ア ル カ ロ イ ド ガ

京阪式アクセント

　東京方言のように、語に核の位置だけが決まっているアクセントのしくみを東京式アクセントといいます。一方、京都方言や大阪方言には、核に加えて式という概念があります。

　核が1つの拍に設定されるのに対し、式は語頭から核まで複数の拍の音の高低に関わります。例えば、京都方言では「かみのけ (髪の毛)」も「かまきり」も3拍目に核があり、4拍目で音が下がります。ですが、「かみのけ」は語頭から核まで高い音が続き、「かまきり」は語頭から低い音が続いた後核だけが高くなります。これが式による違いです。語頭から核までずっと高いパターンを高起式、語頭から低い音が続いて核だけ高くなるパターンを低起式といいます。核がない語では、高起式だと語全体が高く、低起式だと末尾の拍だけが高くなります。このよ

うな式による区別があるアクセントのしくみを京阪式アクセントといいます。京阪式アクセントのしくみを持つ方言は、さまざまな地域差はありますが、近畿地方を中心に分布します（図10参照）。

カミノ｜ケガ（高起式、核は3拍目）	カマ｜キ｜リガ（低起式、核は3拍目）
トモダチガ（高起式、核なし）	オマツリ｜ガ（低起式、核なし）

図8　京都方言のアクセント

♪ サウンド 23

そのほかの方言のアクセント

　東京式アクセントでは、語によってさまざまな拍に核があるため、語の拍数に応じてアクセントの型も多様です。語の拍を○、助詞を△で表すと、図6の「ハシガ」で示したように、2拍の語には○｜○△（1拍目に核）、○｜○｜△（2拍目に核）、○｜○△（核なし）の3種類の型があります。3拍、4拍と拍数が増えると、アクセントの型も4種類、5種類と増えていきます。京阪式アクセントでは、これに式の区別が加わるので、型の種類がさらに多様です。

　一方、語の拍数に関わらず型の種類が2つしかない方言もあります。鹿児島方言のアクセントの型は、どれだけ長い語でも、末尾だけが高くなるか、末尾の1つ前だけが高くなるかの2種類しかありません。このように型が2種類しかないアクセントのしくみを二型式アクセントといいます。九州西南部には、二型式のアクセントのしくみを持つ方言が分布しています（なお、鹿児島方言は第3課で説明したシラビーム方言であるため、正しくは拍でなく音節を単位として考える必要があります）。

ハ｜ナ｜ガ（花が末尾だけ高い）	ハ｜ナ｜ガ（鼻が末尾の1つ前が高い）

図9　鹿児島方言のアクセント

♪ サウンド 24

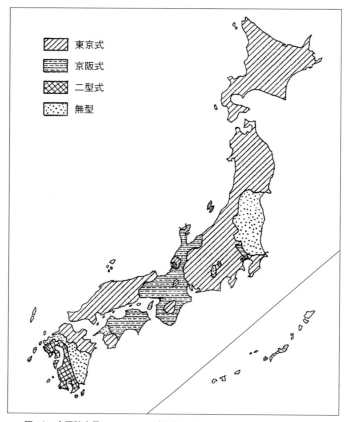

図 10　全国諸方言のアクセント（杉藤 1982: 273 の地図を改変して引用）

　このほか、南東北から北関東、九州の一部の方言などでは、語に決まったアクセント型があ
りません。これを無型アクセントといいます。無型アクセントの方言では、語のアクセント型
が場合によって異なり、一定しません。つまり、「花が」も「鼻が」も区別なくさまざまなパ
ターンで発音されます。そもそも高低の 2 段階で捉えてよいのか、どのようなときにどのよ
うなパターンになるのかなど、無型アクセントのしくみについてはわかっていないことが多く
あります。

ハナガ　　ハナガ　　ハナガ　　ハナガ　　など
（どのパターンで発音してもよい。「花」と「鼻」の区別はない）

図 11　福島県北部方言のアクセント
♪サウンド 25

■基本問題 5

　サウンド 26 〜 29 の音声は、東京方言と異なるアクセント型で以下の内容を読み上げたものです。カタカナで示した語のアクセント型をカタカナの上下に線を書き込む形で答えましょう。ラララ、ララララは、それぞれ、2 拍語、3 拍語に助詞がついた単位を表しています。

[2 拍語＋助詞]　♪サウンド 26　♪サウンド 27

　　a. ラ ラ ラ　　　　　　b. ラ ラ ラ

　　c. マ ド ガ 大きい。　　d. イ ト ガ 細い。

　　e. エ ダ ガ 枯れた。　　f. ウ マ ガ 逃げた。

[3 拍語＋助詞]　♪サウンド 28　♪サウンド 29

　　a. ラ ラ ラ ラ　　　　　　b. ラ ラ ラ ラ

　　c. ム ス メ ガ かわいい。　　d. イ ワ シ ガ うまい。

　　e. サ ク ラ ガ 散った。　　f. オ ト コ ガ 帰った。

第5課	形態素

言語を記述する

■ 基本問題1

　（1a）〜（3f）の情報をもとに、下線部を埋め、意味を持つパーツをリストアップしてみましょう。例えば、"過去"を表すのはどんなパーツでしょうか？（1a）と（1b）、（2a）と（2b）を比べることから始めるといいかもしれません。なお、これらは音素表記です。

（1）

a. jassa　　　　安い
b. jassata　　　安かった
c. jassaka　　　安ければ
d. jassaku　　　より安い
e. jassakuta　　より安かった
f. _____　　より安ければ

（2）

a. bjuuwa　　　　かゆい
b. bjuuwata　　　かゆかった
c. bjuuwaka　　　かゆければ
d. bjuuwaku　　　よりかゆい
e. _____　　よりかゆかった
f. _____　　よりかゆければ

（3）

a. harra　　　　　軽い
b. harrata　　　　軽かった
c. harraka　　　　軽ければ
d. _____　　より軽い
e. _____　　より軽かった
f. harrakuka　　より軽ければ

"過去"：_____

　上の言語は、沖縄県八重山郡竹富町黒島で話されているもの（黒島方言とします）です。この言語では、例えば"安い"はjassaと言い、"過去"はtaで表します。そして、これらは必ずjassa-taという順番で並びます。また、"より安かった"はjassa-ku-taのように"安い-比較-過去"の順で並びます。このように、その言語を知らない人にも理解できるようにある言語のありかたを説明することを、「言語を記述する」といいます。言語記述の範囲は、実際には、上で扱った語内部の構造だけではなく、前課で行った音韻的な記述や、もっと先の課で触れる意味的な記述なども含みます。

　これからのいくつかの課では、方言を含めた日本語の記述全般に用いられてきた、言語を構成するパーツを分類、整理していきます。これらのパーツの分類は以降の解説でも使用しますので、ざっくりと理解してください。しかし、重要なのは用語としてそれらの名前を覚えることではありません。パーツのふるまいを理解し、うまく分類、整理すると記述が効率的になる、

42

ということが大事なのです。そして、日本語とは標準語だけを指すわけではありませんから、方言を含めて考える必要があります。標準語で知られていないパーツの分類法がどこかの方言を記述する際に必要になる、ということは十分考えられます。ひょっとすると、どこかの方言でみつけた分類法が標準語の記述をより効率的にするかもしれません。野心的な読者の皆さんには、新たなパーツの分類法を提唱して日本語の分析をより合理的にする、ということもぜひ目指してほしいところです。

形態素と異形態

黒島方言にいったん戻ります。上の (1a)〜(3f) はすべて 1 語と本書では考えます。つまり、jassata "安かった" を例にとると、「jassa」と「ta」というパーツに分けられるのですが、「jassata」でも 1 つのまとまりをなしている、ということです。これは英語の cheap も cheaper も等しく 1 語であるのと同じです。このように、私たちが「語」というふうに認識しているものは、実はもっと細かく分析できることがよくあります。これら「jassa」「bjuuwa」「harra」「ku」「ta」「ka」のように、意味を持ち、それ以上小さく分解できないパーツのことを形態素といいます。耳慣れない用語ですが、日本語も形態素の連なりから成っています。

■ 基本問題 2

次の語を「jassa-ta」のように分解（形態分析）してみましょう。

（4）大雨 _____　　　（7）お酒 _____

（5）雨傘 _____　　　（8）甘酒 _____

（6）雨風 _____　　　（9）利き酒 _____

　　　　　　　　　　　　　　　　（10）酒屋 _____

最初の 2 つに注目しましょう。「oo-ame」と「ama-gasa」ですが、これらのうち「ame」と「ama」は音形が異なります。しかし、明らかにこれらが表すものは同じ "雨" です。このような場合、1 つの形態素が 2 つの実現のしかたをしている、と考えます。このような 1 つの形態素の複数の実現のことを異形態と呼びます。つまり、「ame」と「ama」は異形態の関係にある、ということです。逆に言うと、「ame」「ama」というそれぞれの形態を抽象化したのが形態素 |ame| ということです。したがって、正確には、「oo」「ame」「ama」「gasa」のそれぞれは形態素ではなく、形態と呼びます。形態と形態素の関係は異音と音素の関係に似ています（第 2 課参照）。なお、日本語は並んでいる形態と形態の間の切れ目が比較的わかりやすい言語なの

表 1　|あめ| の異形態

形態素	形態	語例
|ame|	ama	雨傘、雨水
	ame	雨風、大雨

ですが、このように並んでいる形態の切れ目を示していく作業を形態分析といいます。

　形態分析の方法について少し述べます。「osake」を例にとってみましょう。「o」と「sake」に分解できますが、「sake」はこれ以上分解できるでしょうか？「sa」の部分が何かで、「ke」の部分が何か、などと言うことはできません。このように形態分析する際にはどこまで分析するのが適切か考えるのが重要です。

　そして、ここで注意したいのは、「漢字が同じだから形態素として同じ」というわけではない、ということです。例えば、「雨」という字は「あめ（「雨模様」）」とも「あま（「雨雲」）」とも「う（「雨天」）」（そして、まれに「レイン」）とも読みますが、「あめ」「う」はまったく別の形態素と考えます（つまり異形態ではありません）。これは、形態素は「音」と「意味」がセットになったものである、と考えるのが原則だからです。つまり、意味が同じでも、音がまったく異なれば別の形態素とみなすのがふつうです。

■ 基本問題 3

　異形態の関係にあるものをいくつか挙げてみましょう。もし考えられたら、どのような条件のときに、どうなるのか、考えてみましょう。

　ここで、日本語でよく観察される異形態について述べておきます。上の（7）と（8）（9）に注目しましょう。（7）は sake であるのに対し、（8）（9）は zake です。この（8）（9）のように複合語の後部要素の先頭が濁音になる現象を連濁といいます。

■ 基本問題 4

　連濁の例を考えてみましょう。

■ 発展問題 1：異形態か、別形態素か

次の me と ma は異形態の関係にあると考えるのが妥当でしょうか？

（11）me "目"　　（12）mejani "目ヤニ"　　（13）mabuta "まぶた"　　（14）manako "まなこ"

異形態と考える理由、考えられない理由をそれぞれ書き出してみましょう。

この発展問題は、「異形態とみなすかどうか」は線引きに悩むケースもある、ということを理解してもらうためのものです。語源をさかのぼれば、この me と ma は同じものと考えられていますが、現代日本語ではどうでしょうか？ 言語記述の際に解釈が複数あるのはふつうのことで、これをどう判断するか、自分で基準をたてていく作業が必要になります。その場合、基準が一貫していることが重要です。

動詞の形態分析

■ 基本問題 5

次は動詞を形態分析してみましょう。

（15）考える　　（16）考えよう　　（17）寝る　　（18）寝よう　　（19）見る　　（20）見よう

上の語を分析すると、「る」が "非過去"（なぜこれを "現在" ではなく "非過去" と称するのかという点については第 11 課を楽しみにしておいてください。）を表すことがわかります。では、次の表にある「話す」以下の例はどのように分析するのがいいでしょうか？

非過去	考え-る	寝-る	話す	回す	書く	噛む	とる
意志	考え-よう	寝-よう					

一見、「話す」以下はかなり複雑であるように思われます。「考える」「寝る」は、“意志”であれば「よう」で統一されているのに対し、「話す」以下は、“意志”が「そう」「そう」「こう」「もう」…と、ほとんど語ごとに決めていかなければならないようです。しかし、それよりもいい分析の方法が実はあります。ここで、「話す」以下を「hanasu」、「hanasoR」のように第2・3課で学習した音素表記にしてみて、もう一度考えてみましょう。

非過去	kaNgae-ru	ne-ru					
意志	kaNgae-joR	ne-joR					

　このようにすると、「話す」以下は、“非過去”が「u」、“意志”が「oR」と分析可能だということがわかります。つまり、「考える」「寝る」の“非過去”の形態は「ru」、「話す」以下は「u」ということになります。ここでは、仮に、“非過去”の形態素 {ru} の異形態 /ru/ と /u/、というように考えることにします。このように、日本語は音素表記を用いるとより分析しやすい場合があります。これはどの方言でも同じです。なお、動詞の活用については第9課で詳しく考えます。

■発展問題2：形態分析の事例：藪路木島方言

　次は長崎県藪路木島<ruby>藪路木島<rt>やぶろ きしま</rt></ruby>方言の例です。形態分析をしてみましょう。

(21)　a. おれ　　　　“私は”　　　　　b. おり　　　　“私に”

(22)　a. とれ　　　　“鳥は”　　　　　b. とり　　　　“鳥に”

(23)　a. まつれ　　　“祭は”　　　　　b. まつり　　　“祭に”

(24)　a. おっとめ　　“私たちは”　　　b. おっとみ　　“私たちに”

　藪路木島方言の上の例では、“私”は「or」、“は”は「e」と分析した方がよさそうです。実際、同方言の“私”は [or] のように末尾に母音がない発音がふつうです（ただし、ゆっくり発音してもらうと母音が現れます）。このように、同方言では“私”は「or」、“鳥”は「tor」、“祭”

は「matur」と分析するのが妥当であると考えられます。また、"私たち"も同様に「oQtom」と考えられます。「or」"私"と「oQtom」"私たち"の関係は、一見不明のように思われますが、複数を表す「dom」(標準語の「わたくしども」などの「ども」と同源と考えられます)が「or」にくっついた「or-dom」が変化してできたのが「oQtom」だと思われます。

自由形式と拘束形式

　ここで、形態素の並べかたを考える際に重要になる、言語形式の分類を導入しておきます。自由形式と拘束形式です。自由形式とは、それ単独で使えるもので、拘束形式とは、それ単独では使えないものです。例えば、「みた」「雨傘」などは自由形式です。一方、これらを構成する「み」「た」「あま」「がさ」はすべて拘束形式です。なぜなら、例えば、「た」はそれ単独で使うことはできず、必ず何かと組み合わされないといけません。「あの映画、もうみた？今から？」という質問に対して、情報としては過去か未来かが伝われば十分であるはずにも関わらず、「た。」と答えることはできないのです。

■ 基本問題6
　拘束形式をいくつか挙げてみましょう。

　拘束形式とは「それ単独で使えないもの」と上で示しましたが、実際にはどちらか迷う例もかなりあります。例えば、「おてらさん」と「お坊さん」という語を比べると、「お」「さん」が取り出せることがわかります。では、残りの「てら」と「ぼう」を考えてみましょう。「てら」は確実に単独でも使えますが、「ぼう」のほうはどうでしょうか？単独で使うとなんか別の意味っぽいし…、という感じで、これが拘束形式なのか自由形式なのかいまいちはっきりしません。このようなケースはあるものなので、自由形式か拘束形式かの区別にとことんこだわる必要はないでしょう。

第5課　形態素　47

語の内部構造

　ここからは、形態素の集まりである**語**（詳しくは次の課を参照してください）を、その内部構造に注目してみていきましょう。

■ 基本問題 7

　次のそれぞれの語は、2 つ以上の形態素に分析できますが、分析されたものの性質が異なります。a. のグループと b. のグループはどのように異なるでしょうか？

　（25）　a. jukemuri "湯煙"、hosonagai "細長い"、keritaosu "蹴り倒す"

　　　　　b. okome "お米"、nekotjaN "猫ちゃん"、omosirosa "面白さ"

（空欄）

　a. のグループは、分析したパーツのそれぞれをもとに語が作れます。「ゆ」「けむり」「ほそい」「ながい」「ける」「たおす」のように。このような実質的な意味を持つ語の部分で、最小のものを**語根**といいます（活用語の場合、正確には「ほそ (hoso)」「なが (naga)」「ker」「taos」のそれぞれが語根です）。一方、b. のグループは、「こめ」「猫」「面白」のほうは語になります（つまり語根を含みます）が、「お」「ちゃん」「さ」は語になることはできません。このように、語の一部で、かつ、語根ではないパーツを**接辞**といいます。語根が複数組み合わされている語を**複合語**（例：「湯煙」）といいます。

　語根／接辞という概念は前にみた自由／拘束形式に似ていますが、微妙に異なるものです。例えば、"蹴る"は ker-u と 2 つに分析できます。「ker」の部分が "蹴り" という実質的な意味を表しているので、語根です。しかし、「ker」は単独で使うことができませんので、拘束形式です。したがって、語根には自由形式のものと拘束形式のものが存在します。一方、接辞には拘束形式のものしか存在しません。接辞については次で少し詳しくみます。

接辞の種類

　接辞は、語根の前につく**接頭辞**と、後につく**接尾辞**とに分けられます。接頭辞は、「お茶」「お酒」などの「お」、「ひっつかむ」「ひっぱたく」などの「ひっ」などですが、例はあまり多くありません（「非合法」「非暴力」などの「非」のような漢語の接頭辞は比較的あります）。方言に目を移すと、特徴的な接頭辞がみられる場合があります。例えば、上でもみた長崎県藪路木島方言では「うっさめる"覚める"」「うっつめる"つめる"」などのように「うっ」という接頭辞がよく使われます。方言独特の接頭辞を集めて、意味的な特徴を分析するのも興味深いでしょう。

　一方、接尾辞は日本語に豊富です。「寝る」「寝た」「寝ろ」「寝させた」などの「る」「た」「ろ」「させ」などや、「猫ちゃん」の「ちゃん」などはすべて接尾辞です。

語幹？ 語根？

　上で示した語根と似た用語で**語幹**というものがあります。これらの違いについて、ここで触れておきます。語根は上で述べたとおり、語の中心となる、実質的な意味を持つ語の部分で、最小のもののことです。一方、語幹は、接尾辞がくっつく場所のことだと理解してください。したがって、語根と語幹が一致する場合というのはあります。例えば、「食べた」という語の語根は「tabe」の部分です。これは"食べる"という実質的な意味を担うのが「tabe」の部分だからです。また、語幹も「tabe」です。これは「tabeta」が「tabe-ta」と形態分析でき、接尾辞である「ta」がくっついているのが「tabe」という部分だからです。

　では、「食べさせた」という語の場合はどうでしょうか？ この場合は、語根は「tabe」です。一方、語幹は複数あって、「tabe」と「tabesase」です。これは、「tabe」にくっついている「sase」も、さらにその後に続いている「ta」も接尾辞であるためです。いろいろな概念について同じことがいえますが、特に、この語幹や語根という用語は研究によって使われかたが相当異なります。例えば、「食べさせた」という語を考える場合に「tabesase」だけを語幹と呼ぶ立場があります。これは、末尾の接尾辞だけを取り除いた部分を語幹と称する場合です。注意してください。

第6課　語と句

語の中か語の外か

　本書では、それ自体が自由形式であるものと、後述する接語の2つをあわせて**語**と称します。本来、語をどのように定義するか、というのは非常に厄介な問題で、議論し始めたら本が複数冊書けてしまいますが、本書ではこのように規定します。まず、自由形式であるものは、例えば「水」などがそうです。そして、例えばいわゆる格助詞の「が」が接語です。語にはこれら2つの種類があると考えます。

　学校文法などでは、「寝た」は「寝」「た」の2語と考えます。しかし、本書では異なる考えかたをします。つまり、「寝た」は ne-ta というふうに形態素として分析でき、ne も ta も拘束形式であるため、「ne-ta」全体で1語と本書では考えます。

■ 基本問題 1

　「ゾウがいる」の「が」と「ゾウさん」の「さん」はどちらも単独では用いることができず、さらに、どちらもついているのは前課で学んだ自由形式です。しかし、これらは性質が異なります。どのように異なるか、考えてみましょう。試みに、「ヤギと」という表現をそれぞれの頭につけてみるといかがでしょうか？

　「ヤギとゾウがいる」の場合、「いる」のはヤギとゾウの両方だということ、つまり、「が」は「ヤギとゾウ」というかたまりについているのだ、ということがわかります。一方、「ヤギとゾウさん」のほうは、「さん」がついているのはあくまで「ゾウ」のほうだけで、「ヤギ」のほうには「さん」がかかっていないのがわかります。これが「が」と「さん」の大きな違いです。

　　　　　○〔ヤギ　と　ゾウ〕がいる　　　　　　×〔ヤギ　と　ゾウ〕さん

　「が」のほうは単独の名詞にも、名詞を中心とした語のかたまり（**名詞句**といいます）にもつくことがわかります。一方、「さん」のほうは名詞にしかつきません。「さん」のように限られた形式にしかつかない場合、それは語の内部にあると判断し、前課で述べたとおり接辞として考えます。一方、「が」のように名詞句にも続く場合、これは明らかに語の外にあるものと思われます。そのため、これも語と考え、本書ではこれらを**接語**と称します。接語は、それ自体は拘束形式ではあるものの、自由形式に続きます。「が」は一般に助詞と言われますが、助詞は接語の一例です。ほかの接語として、「赤いのがいい」の「の」などが挙げられます。

　次の（1）（2）は、同じことを意味しているようですが、b.のほうは多義的です。どのような構造上の違いによると考えられますか？　上で学んだことをもとに考えてみましょう。

　　（1）a.小皿と鍋を持ってきて。　　　（2）a.新講義棟の窓が割られた。

　　　　 b.小さい皿と鍋を持ってきて。　　　b.新しい講義棟の窓が割られた。

語の分類

　ここまでは語の内部構造をみてきました。ここからは、できあがった語そのものの分類（品詞）をみていきましょう。ちなみに、助詞も品詞の 1 つと考えます。

■基本問題 3

　「（あの漫才）うける」と「面白い」と「軽妙だ」はすべて似たような意味を持ちますが、形式上の性質は異なります。どのように違うか、以下の表を埋めながら考えてみましょう。

うける	面白い	軽妙だ
うけた		
うけない		
うければ		

　このように比べてみると意味的には似ていても語形変化が異なることが一目瞭然です。このような形態的基準や、文のどこに現れうるかという基準（統語的基準と言います）をもとに語を分類することがあります。その分類を品詞といいます。標準語では「うける」などは動詞、「面白い」などは形容詞、「軽妙だ」などは形容動詞という品詞に分類されます。形容動詞と似た意味でナ形容詞や形容名詞という用語も使われます。ややこしいのでほかの本を読む際に注意してください。本書では最も流通していると思われる形容動詞という語を採用します。

　上で述べたことは、裏を返せば、品詞は意味的な分類ではない、ということです。実際、上の例の「うける」と「面白い」は意味的にかぎりなく似ています。しかし、これらは品詞のう

えでは別のグループに属します。よく動詞は「動きや変化を表す」と言われますが、「うける」は動きを表すのでしょうか？ もちろん動きを表す動詞が多いのは事実でしょうが、第1課で触れた「違う」などを考えても、すべての動詞が動きを表すわけではないことがわかります。

■ 基本問題4

標準語で考えて、次の表を埋めながら、以下の語を分類してみましょう。

妄想だ	恐竜だ	健全だ	綺麗だ
妄想だった			
妄想じゃない			
妄想なら			
妄想の（話）			

これらの語は2つのグループに分けることができます。1つのグループは名詞が後に続く場合に「の」をとり、もう一方は「な」をとります。このような違いがあることから、これらを別の品詞と捉え、前者を名詞、後者を形容動詞と呼びます。ですが、実は名詞と形容動詞の間に、この「の」「な」以外の差はそんなにありません。そのため、形容動詞は形容名詞とも呼ばれることがあります。

■ 基本問題5

名詞が後ろに来る場合に「な」をとるのが形容動詞、「の」をとるのが名詞、と上で述べましたが、以下のような例もあります。これらの「の」をとる場合と「な」をとる場合でどう意味が違うか、考えてみましょう。

（3） a. 大人 {の／な} 部屋　　b. イケメン {の／な} ヤギ　　c. イタリア {の／な} 男

このように、いわゆる名詞にも「な」は続くことがあるため、「な」は「健全」や「綺麗」からは切り離された接語（助詞）であると考えます。つまり、本書では、形容動詞を「健全」の部分まで、「綺麗」の部分までと考えます。学校文法などでは「健全な」「綺麗な」までを形容動詞と考えます。一方、この本書の考えに立つと、「な」は形容動詞に続く助詞であり、と

きに（「イケメンなヤギ」のように）名詞にも続く、と考えます。しかし、名詞に続く助詞である「の」とは性格が異なります。「の」は「彼からの手紙」のように助詞にも後続しえますが、「*彼からな手紙」などは不可能なので「の」よりも接続の制限が強いといえます。

　このような事例からいえるのは、語などの分類というのは流動的なものである、ということです。長い時間をかけて変化しているものもあれば、若者ことばのように一気に変化するものもあって面白いです。（例えば「くな（い）」は形容詞の接尾辞ですが、若者ことばでは動詞にもつくように（「できるくない」）なっています。）

■ 発展問題１：品詞分類の事例：佐賀県方言

　次の表は、佐賀県方言のいくつかの語の語形変化を少しだけ示したものです（小野 1983）。標準語との違いを指摘してみましょう。

早い	面白い	立派だ	達者だ
はやか "早い"	おもしろか	りっぱか	たっしゃか
はやかろー "早いだろう"	おもしろかろー	りっぱかろー	たっしゃかろー
はよーして "早くて"	おもしろーして	りっぽーして	たっしょーして
はやかった "早かった"	おもしろかった	りっぱかった	たっしゃかった
はやかいどん "早いけど"	おもしろかいどん	りっぱかいどん	たっしゃかいどん

　標準語では上に述べたように形容詞、形容動詞という品詞を設定する必要があります。そして標準語の基準では「早い」「面白い」は形容詞、「立派だ」「達者だ」は形容動詞に分類されます。上の表ではいかがでしょうか？　上の表では、形容詞と形容動詞の区別をつける必要はなさそうです。なぜならば、「はやか」も「りっぱか」もまったく同じ語形変化を示しているからです。このように、標準語と同じ品詞分類にならない方言というのは想定できます（ただし、標準語の影響を強く受けているため、現在の九州方言で形容詞と形容動詞の区別が完全にない方言というのは珍しいかもしれません）。

語より大きなかたまり

ここからは語と語が組み合わさってできるものをみていきましょう。

■ 基本問題6

次の (4a)〜(4f) は、[ ] の場所は同じですが、1つだけ性質が異なります。どのように異なるでしょうか? [ ] で囲んだ部分の位置を動かして考えてみましょう。

（4）a. トムが　[あの]　　　　　　　　アイスクリームを食べている。

　　　b. トムが　[おいしい]　　　　　　アイスクリームを食べている。

　　　c. トムが　[私が食べさせられた]　アイスクリームを食べている。

　　　d. トムが　[イタリアの]　　　　　アイスクリームを食べている。

　　　e. トムが　[奇妙な]　　　　　　　アイスクリームを食べている。

　　　f. トムが　[ゆっくり]　　　　　　アイスクリームを食べている。

（4a)〜(4e) は [ ] をそもそもあまり動かせず、また動かせたとしても意味が変わってしまうことがわかります（例：「奇妙なトムがアイスクリームを食べている」）。一方で、(4f) は「ゆっくりトムがアイスクリームを食べている」や「トムがアイスクリームをゆっくり食べている」などのように「ゆっくり」の部分を動かすことができます。このことは何を意味しているのでしょうか? これは、(4a)〜(4e) では [ ] と「アイスクリーム」がかたまりを形成しているのに対し、(4f) の [ゆっくり] と「アイスクリーム」はかたまりを形成していない、ということを意味します。このような語と語のかたまりを**句**と呼びます。特に、(4a)〜(4e) の例のように句全体が名詞のようにふるまうものを**名詞句**と呼びます。ここで重要なのは、ここでもまた言語はかたまりを作っていてそれにはルールがある、ということです。語も形態素のかたまりでした。そしてそのかたまりの形成にはルールがあります。|食べ| |させ| |られ| |た|という形態素群はこの順番で並べられなければ文法的な語になりえません。それと同様に、「私」「が」「食べさせられた」「アイスクリーム」という4つの語は名詞句を形成するにはこの順番で並べられる必要があります。言語はいくつもの層にわたってかたまりを形成します。その層の1つで形成されるのが句だと思ってください。

（4f）は［ゆっくり］が動かせることがわかりました。では、(4a)〜(4e)では何か動かせるでしょうか？ 例えば (4a) であればさきほど述べた名詞句「あのアイスクリーム」はどこかに動かせますか？ これは不可能であることがわかります（例えば「*あのアイスクリームトムがを食べている」のようになってしまいます）。つまり、この場合、「を」までを一緒に動かせばいいわけです。このように、名詞句も1つのかたまりを作っていますが、それに続く助詞までというのもまた1つのかたまりを作っています。この「名詞句＋助詞」の単位を**拡張名詞句**と呼ぶことにします。

次には第5課、第6課で紹介したパーツの分類をざっと並べます。「ぶっつぶされた缶がある」を例に挙げています。

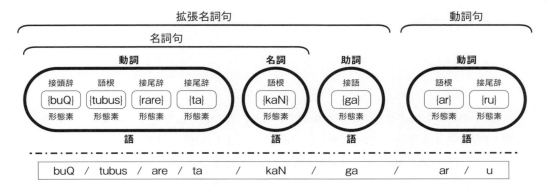

これが実際に発話される際に /buQ/tubus/are/ta/kaN/ga/ar/u という形態がそれぞれ選択されると考えます。

形態論と統語論

第5課では、ことばをふだん私たちが考えているのより小さい単位、つまり形態素に分解するということを学びました。言語は、形態素がたくさん連なることでさまざまな意味を表します。しかし、形態素の並べかたには規則があります。例えば、上でも触れた ｛食べ｝｛させ｝｛られ｝｛た｝であれば、これらは、この順番で並べなければならず、「*たられさせ食べ」などとすると非文法的です。ほかにもたくさんの並べかたが考えられますが、文法的な並べかたはたった1つです。形態素の持つ意味を単純に足しあわせていくのであれば、「*たられさせ食べ」であっても「食べさせられた」と同じ意味が得られそうなものですが、そうはいかないのが言語の面白いところです。これはつまり、形態素の並べかたに規則がある、ということを示しています。この、語を形づくる規則について考える分野を**形態論**といいます。語をさらに大きなかたまりに組み合わせることもできます。この課では名詞句などをみました。このように、語、および、それより大きな単位の組み合わせについて考える分野を**統語論**といいます。

下は、鹿児島方言のアクセントを表しています。第4課で学んだとおり、鹿児島方言は二型式アクセントであり、どれだけ語が長くなってもアクセントは2つのパターンしか現れません。どのような単位にアクセントがかかっているか、考えてみましょう。

（5）a. "飴"　あ̅め　　あめ̅が　　あめま̅で　　あめまで̅も
　　　b. "雨"　あめ̅　　あめが̅　　あめまで̅　　あめまでも̅
　　　c. "女"　おな̅ご　おなご̅が　おなごま̅で　おなごまで̅も
　　　d. "男"　おとこ̅　おとこが̅　おとこまで̅　おとこまでも̅

（空欄）

　仮に語を単位にしてアクセントがかかっていたら、どのようになると思いますか？ （5a）と（5c）は末尾から1音節前が高い、（5b）と（5d）は末尾音節が高い、というルールのようですので、"飴"であれば高い部分は、「あめ」「あめが」「あめまで」「あめまでも」のようになるはずです。しかし、そのようにはなっていません。そこで考えられるのは、「名詞＋助詞」という単位に鹿児島方言のアクセントはかかっているのではないか、ということです。

　関西方言には、以下に示すような現象があります。

（6）a. きー "木"　　　　　b. きーが "木が"　　　　　c. きーから "木から"
　　　d. きのぼり "木登り"　e. とまりぎ "止まり木"

（6a）～（6c）では"木"を意味する部分が長音を含んでいます。これは、「名詞を1拍で発話してはいけない」という規則があるためだと考えられています。一方、（6d）（6e）ではそうではありません。この規則はどのような単位にかかっているか、考えてみましょう。

（空欄）

上の規則は「最小語制約」と呼ばれるもので、関西方言の場合、文字どおり、語にかかる規則になっています（接語は除く）。つまり、(6a)～(6c)の場合、語単独もしくは語＋接語（助詞）という構造になっているため、語の部分が2拍になっています。一方、(6d)(6e)は複数の形態素からなるものの、これらは複合語であり、1つの語を形成しています。そのため、「木」の部分が2拍である必要はないのです。

　関西方言のなかでもここで示したものとは異なるパターンもあるでしょうし、関西方言以外にも同様の現象はあると思います。どのように上に示した現象と異なるか考えてみると面白いでしょう。

■ 発展問題2：形態音韻規則の事例：福岡市中年層方言の形容詞

　福岡中年層方言などでは以下のように、2種類の実現を示す語があります。一方、似たような音列ですが、1つの実現しかないものもあります。

（7）a. アマイ／アメー "甘い"　　　b. カルイ／カリー "軽い"

　　　c. マイタ／＊メータ "撒いた"　　d. カルイザワ／＊カリーザワ "軽井沢"

　この2種類の実現のありかたを説明してみてください。

　この現象の説明には、ai ＞ eR、ui ＞ iR という規則を想定することが考えられます。しかし、これで十分でしょうか？これだけでは、"撒いた"が「めーた」とは実現しないことを説明できません。そこで必要になるのが、品詞に関する情報です。この現象は形容詞の場合にのみ起こります。このように、一見、単純に音韻的と思われる現象でも、形態的な情報や統語的な情報が必要になることがよくあります（なお、「あまい／あめー」という交替は「あまいよ／あめーよ」のように後続要素がある場合にも生じます。上に挙げた例からは「後続要素がない場合に交替が生じる」という説明ができそうですが、そうではありません）。

格ととりたて

　第6課までは、語の内部構造や、語と語を組み合わせて句などを作る際のルールをみてきました。この課では、さらに句を組み合わせて節というものを作っていくルールについて考えます。節とは、述語（後述）を中心にして組み立てられた句のまとまりです。本書では（学校文法でも）1つの節で作られる文を単文と呼び、複数の節からなる文を複文（第8課）と呼びます。

■ 基本問題1

　語や拡張名詞句を作る際にはルールがありました。それでは、節を作るときのルールはどうでしょうか？（1）は「トムが」「ガムを」「食べている」という3つの要素を並べ替えたものです。これを使って並べかたの規則を考えてみましょう。

　　　（1）a.［トムが］［ガムを］［食べている］。　　b.［トムが］［食べている］［ガムを］。

　　　　　　c.［ガムを］［トムが］［食べている］。　　d.［ガムを］［食べている］［トムが］。

　　　　　　e.［食べている］［ガムを］［トムが］。　　f.［食べている］［トムが］［ガムを］。

　（1a）（1c）はまったく問題ありませんが、（1e）（1f）はかなり不自然なはずです。しかし、第6課の「*あのアイスクリームトムがを食べている」ほどはひどくないという印象です。何か特別な文脈や意図があれば（1）はすべて日本語として可能な文だといえます。このことから、拡張名詞句を作る際の規則はかなり厳しいが、拡張名詞句どうしを組み合わせる順番は比較的自由だ、といえます。

節の構成要素

■ 基本問題2

　次の6つの要素を組み合わせて文を作りましょう。文は複数作れるはずです。それらの文から、どのような要素が文に必要か、考えてみましょう。

　「髪が」　　「猫が」　　「寝ている」　　「増えた」　　「たぶん」　　「ベランダで」

上の問題では例えば「髪が寝ている」や「ベランダで寝ている猫がたぶん増えた」など、いろいろな文ができると思います。このように一般的に文は「何が　どうする」「何が　どうだ」という要素の組み合わせでできています。このうち「どうする」「どうだ」などの動作・状態・性質を表す要素を述語と呼びます。そして「何が　どうする」のような、述語を中心とする要素のまとまりを節と呼びます。それより大きな単位である文は1つ以上の節から作られます。

　では、節は述語のほかにどのような要素から成っているでしょうか？ さきほどの問題で「増えた」という要素だけを取り出して、これが文だと言うことも可能です。しかし、仮に何の文脈もなく、突然「増えた」とだけ誰かに言われたとすると、「え？何が？」という疑問を抱くと思います。このように、文脈を排除した状態で、述語が必要とする要素を項と称します。突然「増えた」と言われて「何が？」と問いたくなるということは、「増えた」という述語には「何が」を表す項が必要なわけです。ほかにも「たぶん猫がベランダで寝ている」という文では、「寝ている」が述語で、「猫が」が項です。「たぶん」や「ベランダで」は述語でも項でもありません。このような、述語や項を修飾する要素のことを修飾成分と称します。修飾成分は「たぶん」「ベランダで」のように述語を修飾する連用修飾成分と、名詞を修飾する連体修飾成分（例えば「茶色い目」の「茶色い」）に分けられます。

$$
節の構成要素 \left\{ \begin{array}{ll} 述語 & \\ 項 & （述語が必要とする要素） \\ 修飾成分 & （それ以外の要素） \end{array} \right.
$$

図　節の構成要素

■基本問題3

　次の文の構成要素を述語・項・修飾成分に分類してみましょう。

　（2）a. 青い　目の　猫が　ベランダで　のんびりと　寝ている。

　　　　b. トムが　メアリと　ハワイで　突然　結婚した。

述語	項	修飾成分
（2a）		
（2b）		

自動詞・他動詞

　述語が必要とする項の数を基準にして、動詞を1項動詞（「遊ぶ」「転ぶ」など）、2項動詞（「壊す」「見る」など）、3項動詞（「渡す」「教える」など）のように分類できます。このうち2項以上の項を要求する動詞で、動作の対象を表す項を必要とする動詞を他動詞、それ以外のものを自動詞と呼びます（ただし「対象」という概念の定義は曖昧であり、他動詞と自動詞の区別が曖昧なこともあります）。

格助詞

　英語をみてみると、Tom hit Bill. と Bill hit Tom. という2つの文では、語順によって、叩く側と叩かれる側が変わります。それに比べるとこの課の冒頭で述べたように日本語の拡張名詞句の順番は比較的自由です。では、日本語では叩く人と叩かれる人をどうやって表すのでしょうか？ つまり、日本語は述語と名詞句の関係をどのように表すのでしょうか？ 次の例をみて、（＿＿）の中に入る要素を考えてみましょう。

　　（3）　トム（＿＿）ビル（＿＿）叩いた。

　この例からも明らかなように、日本語で述語と名詞句との関係を示す手段の1つに格助詞があります。文の中心が述語だとすると、項はその述語が表すことがらに参加する参加者だといえますが、その参加のしかたを示すのが格助詞というわけです。例えば次の例文の空所には「に」「まで」「から」が入りますが、入る格助詞によってこの文における「福岡」の役割がまったく異なるのがわかるでしょう。

　　（4）　福岡（＿＿）来た。

■ 発展問題1：沖縄県首里方言の格助詞「ンカイ」

　（5）は沖縄県首里方言で「方言ももたろう」の冒頭部分を語ったものです（佐藤2002）。これを読んで（聞いて）、格助詞「ンカイ」を探してみましょう。また、この「ンカイ」は標準語のどの格助詞に近いか、考えてみましょう。

　　（5）　首里方言版「方言ももたろう」

ンカシ　ンカシ　アルトゥクルンカイ　タンメー[*1]トゥ　ンメー[*2]ガ　メンシェービータン。タンメーヤ　ヤマンカイ　タムンアガネーイガ　ンメーヤ　カーランカイ　チンチュルカー　アライガ　イチャビタン。ンメーガ　チンチュルカー　アラトーンディ　シーネー　カーラヌ　ウィームティーカラ　マギサル　ムム[*3]ヌ　アマナイクマナイ　ユッタイクヮッタイ　ソーティ　ナガリティ　チャービタン。ンメーヤ　ウヌ　ムム　スクティ　ウチンカイ　ムドゥティ　イチャビタン。ンメーガ　ムム　サカスンディサビタクトゥ　ムムヌ　ターチンカイ　ケーワリティ

ナーカカラ　アティッテーンソール　イキガワラビ*4ヌ　ンマリティ　チャービタン。　タンメー
トゥ　ンメーヤ　ウヌ　クヮ*5ンカイ　ムムタルー*6ンディイチ　ナー　チキサビタン。

*1 タンメー：おじいさん　　*2 ンメー：おばあさん　　*3 ムム：桃　　*4 ワラビ：子ども（童）
*5 クヮ：子　　*6 ムムタルー：桃太郎

とりたて助詞

■基本問題4

　格助詞は名詞句と述語の関係を表すと述べてきました。では、次の例文の「は」はどのよう
な関係を表しているでしょうか？「は」が表す関係は1つだけでしょうか？

（6）　豚は食べてる。

　（6）の述語は「食べてる」で、「豚」は「食べてる」主体を表しているといえます。ところ
が「（僕は牛は食べてないけど）豚は食べてる」と考える場合、「豚」は「食べてる」の対象で
す。つまり助詞の「は」は、格助詞のように述語と名詞句との特定の関係を表しているのでは
ない、ということがわかります。このような助詞をとりたて助詞と呼びます。学校文法では副
助詞や係助詞と呼ばれるものです。とりたて助詞は、それがついた名詞句や節が表すモノ・デ
キゴトと「対比・累加・限定・極限」などの関係で結ばれる同類の存在を暗示する、とりたて
という意味を表します。例えば「（私は牛は食べないが）豚は食べてる」の「は」は「豚を食
べてる」ことと対比して「私が食べない動物（例えば牛や鳥）」の存在を含意します。そのほ
かとりたてには、「犬が来た、猫も来た」のように同類の別の要素を加える「累加」、「猫だけ
来た」のように同類の中でそれが唯一の要素であることを表す「限定」、「猿さえ来た」のよう
に同類の中で最も非典型的な要素を挙げる「極限」などの意味があります。標準語のとりたて
助詞には「は・も・まで・さえ・すら・しか・ばかり・だけ・でも・など・なんか・こそ・く
らい」などがあります。

■基本問題5

　上の例では、とりたて助詞が格助詞と同じように名詞句につく例を挙げました。しかし、と
りたて助詞は格助詞がつかないところにも出てきます。次の例の____に格助詞「が・で」とと
りたて助詞「は・だけ・くらい」を当てはめて、使える場合は○を、そうでない場合は×を表
に書き入れて整理してみましょう。

（7）a. 少し____（わかる）　　　　　　　　　　　　　　　　　　　《副詞の後》
　　　b. 赤く____／静かに____（なる）　　　　　　　　　　《形容詞・形容動詞連用形の後》
　　　c.「ダメ」と____（言わない）／単位をとるために____　　　　　《副詞節の後》

d. コーヒーを飲む＿＿＿／頭が痛い＿＿＿　　　　　　　《述語の後》

e. 大学＿＿＿に／バイト先＿＿＿から　　　　　　　　《格助詞の前》

f. 友達と＿＿＿／自宅から＿＿＿　　　　　　　　　　《格助詞の後》

	格助詞		とりたて助詞		
	が	で	は	だけ	くらい
副詞の後 (7a)					
形容詞・形容動詞連用形の後 (7b)					
副詞節の後 (7c)					
述語の後 (7d)					
格助詞の前 (7e)					
格助詞の後 (7f)					

■ 発展問題 2：位置と解釈のギャップ

上でとりたて助詞は、それがついた名詞句や節が表すモノ・デキゴトと関連する同類の候補を想起させ、その 2 つがどのような関係にあるのかを表すと説明しました。さて、以下の例文は筆者がある日、独り言で言ったものです。

（8）　歯も磨いたし寝るか。

この文は考えようによっては少しおかしいものです。どこがおかしいでしょうか？　この文で想起させられるほかの候補とはどのようなものか、考えてみましょう。

主語・目的語

■ 基本問題 6

（9）の英語の「3 人称・単数・現在の s」や、（10）の日本語の動詞の尊敬語化・軽卑語化（第 13 課参照）はどの項が引き起こしているのでしょうか？

（9）a. I always {eat /*eats} the hamburger.

　　b. He always {*eat / eats} the hamburger.

（10）a. VIP のお客様が　カツ丼を　|*食いやがった／　召し上がった|。

　　 b. 弟が　俺の大事なカツ丼を　| 食いやがった／*召し上がった|。

（9）（10）のように英語や日本語では、特定の項の文法的・意味的性質に応じて述語の形が変わったり、制限されたりします（私が |行こう／*行け／行く|）。このような文法的機能を

持つ項を**主語**と呼びます。そして主語以外の項を**目的語**と呼びます。

　主語の定義は言語や研究者によってさまざまですが、狭義の「主語」を上記のような文法関係を示すものに限る立場があります。フランス語やドイツ語などは、主語・目的語の性質に応じて述語の形が複雑に活用し、文法関係としての主語・目的語がはっきりしています。これに対して、日本語にはヨーロッパ諸言語のように述語と項が呼応する現象が少ないので、「日本語には主語がない」と言われたりしてきました。そのため、日本語では意味役割（後述）と格助詞を組み合わせて主語というものを定めることが多いのです。具体的には、「トムが皿を割った」「トムがメアリを愛している」のように格助詞「が」で標示される〈動作主〉や〈経験者〉が主語の典型です。しかし、「先生にもこの問題が解けない」のように典型的な主語、目的語の特徴を持つ項がない文もあり、何を主語、目的語とするか、判断が定まらない場合があります。

格配列（alignment）

　「主語」という用語が出たので**格配列**についてふれておきます。言語・方言間で格に関わる現象を比べるときにS・A・Pという記号を使うことがあります。Sは自動詞の1つしかない項（(11a)の「ドア」）、Aは他動詞の2つの項のうち動作主を表す項（(11b)の「学生」）、Pは他動詞の動作の影響を受ける項（(11b)の「ドア」）をそれぞれ表します。

　(11) a. ドア ｶﾞ【S】　　　　　　閉まった。【自動詞】
　　　　b. 学生 ｶﾞ【A】　ドア を【P】　閉めた。　【他動詞】

標準語ではSとAに同じ格標示（ｶﾞ）がなされ、Pが別の格標示（を）を受けます。このときS・Aを「**主格**」、Pを「**対格**」と呼びます。そしてこのような格標示のパターン（S＝A≠P）を**主格・対格型**、あるいは単に**対格型**といいます。

　一方、言語によってはSとPを同じように標示し、Aがそれとは異なる標示を受けることもあります。仮に日本語で模式的に示すと(12)のようになります。Øは助詞が何もつかないことを表します。

　(12) a. サム Ø【S】　転んだ。　　　　　　　【自動詞】
　　　　b. トム ｶﾞ【A】　ジム Ø【P】　殴った。　【他動詞】

　このときのS・Pを「**絶対格**」、Aを「**能格**」と呼び、このようなパターン（S＝P≠A）を**能格・絶対格型**、あるいは単に**能格型**と呼びます。

■ 発展問題3：格関係を示す手段

　書きことばでは格助詞の使用がほぼ義務的ですが、話しことばでは格助詞を使わないこともあります。例えば「俺、今日カレー食うわ」という発話には格助詞がありませんが、「俺」が

動作主で「カレー」が対象であると容易に理解できます。ということは、名詞句と述語の文法的関係を標示／解釈する際に、格助詞以外の手段も使っているはずです。そこで、次の文を参考にしつつ、どのような手段（情報）を使って主語と目的語を判別しているか考えてみましょう。なお、格解釈の手段は方言によって異なりますので、正解というものはありません。自由に考えてください。

(13) a. ジョン∅ トム∅ 押した。

　　 b. カレー∅ トム∅ 食べちゃったよ。

　　 c. ジョン∅ 私∅ 押しちゃった。

　　 d. おじいちゃん∅ おもちゃ∅ 買ってくれた。

意味役割

■ 基本問題 7

　日本語では「「が・で」などの格助詞を同一節内で2回用いることを避ける」という傾向があります（14）。しかし（15）のように「が・で」が2回現れてもさほど不自然にならないことがあります。どのような場合に不自然にならないか、考えてみましょう。

(14) a. ＊私が彼が走る。　　　　 b. ＊病院で美容院ではたらく。

(15) a. 誰がカレーが好きなの？　 b. 病院でカードで支払った。

　拡張名詞句は述語が描く事態の中で必ず何らかの役割を果たしています。例えば「トムがグミを食べる」という文の場合、「食べる」という行為の〈動作主〉がトム、「食べる」という行為の〈対象〉がグミです。このように述語との関係において名詞句が果たす役割を抽象したものを**意味役割**と呼びます。意味役割には上に挙げたもののほかに、「トムが〈動作主〉 手紙で〈道具・手段〉 メグに〈受取手〉 結婚を〈対象〉 伝える」「トムが〈経験者〉 犬が〈対象〉 怖い」などがあります。ただし、どのような意味役割をいくつ設定するかという点をめぐってはまだ（おそらく今後も）議論が続いています。

◾ 発展問題 4：埼玉県東南部方言の格助詞「に」と「げ」

次の (16)(17) は、標準語で格助詞「に」が使われる文を、埼玉県東南部方言で示したものです（原田 2016; 原典は音素表記だがここではかな表記に変えた）。この方言では、標準語の「に」に相当する格助詞として、=ni（以下「に」）と =ŋe（以下「げ」）があります（ほかにもあるがここでは省略）。なお「げ」は人間や動物など生物類名詞にしかつきませんが、「に」にはそのような制限がありません。そこで次の例文では、2 形式を比較できるように、生物類名詞のみを挙げています。例文をみて、どのような場合に「げ」が使われるか考えてみましょう。

(16) a. 友達げ 手紙 出す。

     b. 子供げ 財産 譲る。

     c. こら（これは） 先生 {から／に} 子供げ もらったもんだ。

(17) a. 人げ 道 聞く。（人に道を聞く）

     b. 人 {*げ／に} 聞いた話

     c. 子供げ もらったもん（子供のために（子供へ）もらった）

     d. 先生 {*げ／に} もらったもん（先生からもらった）

     e. 先生 {*げ／に} 褒めてもらった。

     f. その傷は だい（誰） {*げ／に} やらいたの（やられたの）？

◾ 発展問題 5：「が」は格助詞か？

次の「が」はどのような役割を果たしているでしょうか？ 格ととりたてについて調べながら考えてみるとよいでしょう。

(18) a. 神戸がケーキ屋が多い。

     b. この店が芸能人がよく来る。

     c. ガガが我が強い。

複　文

　これまでの課では、語や単文の作りかたを学んできました。この課では、節の種類などについて学んでいきましょう。

節とその種類

■ 基本問題1

　次の文の「が」と「の」に下線を引いています。「が」と「の」を入れ替えることができるところがありますが、それはどのようなところでしょうか?

（1）　雷が鳴った。トムは外を見ようとした。窓が開いている。おかしい。トムの飼い主は、雨の降る日は窓を閉める。そういえばトムの食べるおやつも用意されていない。「にゃあ」。トムが鳴く声を聞いて、飼い主がドアを開けた。

　標準語の判断では、「の」を「が」に置き換えることはできても、「トムが鳴く声を聞いて」の部分を除いて、「が」を「の」に置き換えるのは難しいのではないでしょうか。では「の」が使用可能な環境はどのような環境でしょうか? 「トムの鳴く[声]」などのように、名詞を修飾する節の場合、「の」も「が」も使用可能であることがわかります。一方、「トムが鳴く。」のように名詞を修飾するのではない場合、「*トムの鳴く。」のようにして文を終えるのは非文法的です。このことは、形がよく似た節でも環境によって性質が異なる、ということを示しています。

　節は、さきほどのように名詞にかかる場合や、文を終える場合などでさまざまな性質を持ちます。例えば、第7課でみたように、文を終える節の場合、拡張名詞句の順番はかなり自由といえますが、名詞を修飾する節の場合などは動詞が最後に来る必要がありますね。では、こ

こで、節のおおまかな分類を示します。

　節はまず、文がそこで終わるかどうかで、主節と従属節に分けられます。主節は文が終わるものです。従属節は文が終わらないものです。従属節はさらに大きく4つに分けられます。1つ目は、さきほどみた、名詞を修飾するもので、これを連体修飾節と（連体節とも）いいます。続いて、副詞節は、名詞ではなく、ほかの節を修飾するものです。例えば、「風が吹くと桶屋が儲かる。」という文の「風が吹くと」の部分が副詞節です。名詞節は、その節が名詞相当のふるまいを示すものです。例えば「[年齢]を忘れた」という例であれば[年齢]は名詞ですが、「[自分が何歳だったか]を忘れた」では、[年齢]に相当する部分が文のようになっています。最後に、引用節は「[雨が降ってるよ]と彼が言った。」のように、引用する場合のものです。

　節が複数ある文を複文といいます。つまり、「雷が鳴った。」は複文ではなく単文ですが、「[雨が降って]節、[雷が鳴った]節。」は複文です。

```
       ┌ 主節【文を終える】
       │                    ┌ 連体修飾節（連体節とも）【名詞を修飾する】
節 ─┤                    │ 副詞節【ほかの節を修飾する】
       │ 従属節【文を終えない】┤
       └                    │ 名詞節【節が名詞相当のふるまいを示す】
                            └ 引用節【文を引用する】
```

図　節の分類

　（1）に戻りますが、連体修飾節内で「が」が「の」と交替する現象をガノ交替と呼びます。ちなみに方言では連体節内でなくても「が」と「の」が交替することがあります。例えば（1）の「窓が開いている。」という意味の文は標準語では「窓の開いている」は非文法的ですが、九州の多くの方言では「窓の開いとる」は文法的です。つまり、節の種類などによる規則も方言ごとに異なる、ということがいえます。

内の関係・外の関係　——連体修飾節の種類——

　「トムが壊した机」は、「トムが壊した」という連体修飾節が「机」という名詞を修飾している、全体としては名詞句です。この名詞句は「トムが机を壊した」という文がもとになってできている、と考えることができます。

次の名詞句をもとの文に戻してみましょう。

（2）　　　　机を壊したトム：＿＿＿＿＿＿＿＿＿＿＿＿＿＿＿＿＿＿＿＿＿

（3）　　　　　　　歌う猫：＿＿＿＿＿＿＿＿＿＿＿＿＿＿＿＿＿＿＿＿＿

（4）　　　　　　やせる薬：＿＿＿＿＿＿＿＿＿＿＿＿＿＿＿＿＿＿＿＿＿

（5）　ビルをみつけた場面：＿＿＿＿＿＿＿＿＿＿＿＿＿＿＿＿＿＿＿＿＿

（2）〜（3）は「猫が歌う」のようにもとの文に戻すことができます。一方、（4）〜（5）は
いかがでしょうか？「薬がやせる」や「場面がビルをみつけた」という文をむりやり作ること
も可能ですが、それでは名詞句とは異なる意味になってしまいます。このように、連体修飾節
が修飾する名詞句は、もとの文に戻せるものと戻せないものに分けられます。前者を内の関係、
後者を外の関係の連体修飾節といいます。

（6）〜（8）を参考にして、（9）の英訳を考えてみましょう。

（6）　　　　　　　少年が焼くクッキー　： the cookies which the boy bakes

（7）　　　　　　クッキーを焼く少年　： the boy who bakes cookies

（8）　少年がクッキーを焼くオーブン　： the oven with which the boy bakes cookies

（9）　　少年がクッキーを焼くにおい　：＿＿＿＿＿＿＿＿＿＿＿＿＿＿＿＿＿＿

（9）を英語に訳すのは困難です。少なくとも、（6）〜（8）のようには訳せません。実は、
日本語と英語ではもとの文と連体修飾節との関係に違いがあるのです。上で紹介した外の関係
のとき、英語では連体修飾節にしにくいのです。換言すると、外の関係の連体修飾も可能であ
るというのは日本語の特徴といえます。

引用節と「ト抜け」

文のある部分が引用であることを表す場合、標準語では「と」や「って」などが使われます。
これらは引用標識と呼ばれることがあります。

（10）　トムはいつも「レッツゴー」｛と／って｝言っている。

（11）　トムはずっと「自分が一番だ」｛と／って｝思っている。

（12）　看板に「立ち入り禁止」｛と／って｝書いてある。

（13）「こんな傑作みたことない」｛と／って｝笑っている。

西日本の一部の方言では、引用標識が現れない場合（「ト抜け」）があります。しかし、動詞
が「言う」「思う」のときだけ引用標識が現れないということが多いようで、さらに、「言う」

のほうが「思う」より引用標識が現れないことが多い、ということもわかっています（小西 2010）。「Ø」はそこに何も現れないことを表します。

(14) トムはいつも「レッツゴー」{Ø／と／って} 言ってる。

(15) トムはずっと「自分が一番や」{Ø／と／って} 思ってる。

(16) 看板に「立ち入り禁止」{*Ø／と／って} 書いてある。

(17) 「こんな傑作みたことない」{*Ø／と／って} 笑ってる。

■ 発展問題1：西日本方言のト抜け

では、「ト抜け」が生じる西日本方言では、「言う」「思う」の場合は必ず「ト抜け」が起こるのでしょうか？　実はそうではないこともわかっています。上の(14)〜(17)と次の例から、どのような場合に「ト抜け」が生じるか、考えてみましょう。

(18) トムは「レッツゴー」{*Ø／と／って} いつも言ってる。

(19) ずっと「自分が一番や」{*Ø／と／って} トムは思ってる。

「ト抜け」の可否には、動詞との隣接性が関係しています。つまり、引用部分と「言う」「思う」が隣接していない場合は「ト抜け」は生じにくい、とされています。これ以外にも、実は隣接性が関わる言語現象はあります。例えば、目的語を表す「を」もよく現れなくなりますが、これも動詞と隣接していない場合には「を」が現れなくなることは少ない、と言われています。

副詞節

ここからは、副詞節についてみていきます。副詞節は、さまざまな役割を担っています。次の例文をみてみましょう。

(20) 雨が降って、雷が鳴った。

(21) トムは猫 {だから／だけど}、かしこい。

(20)では、時間的に連続していることを表しています。(21)では理由や、予想に反していることを表しています。(21)の2つは「トムは猫だ」「トムはかしこい」という部分は同じなのですが、「から」と「けど」のところだけが異なっていて、そこに話し手の含意が読み取れ

ます。このように従属節のうちの副詞節は多様なはたらきをします。副詞節の分類などについてはまた後で触れます。

主節の種類による副詞節の現れ方の違い

■ 基本問題 4

　まず、標準語の例を考えます。次の (22) では一見、「と」「ば」「たら」が似たような意味を持つように思えます。しかし (23) (24) をみると、それらは違うもののように思われます。どのようなときに違いが現れるか、考えましょう。

　　(22)　雨が ｛降ると／降れば／降ったら｝、試合は中止になる。

　　(23)　雨が ｛*降ると／*降れば／降ったら｝、試合は中止にしよう。

　　(24)　雨が ｛*降ると／*降れば／降ったら｝、試合は中止にしろ。

　　(22)〜(24) からわかるように、「と」「ば」のほうは意志や命令などを表す文の場合、非文法的になることが多いようです。「と」は、「春が来ると、桜が咲く」のように、恒常的なことを表す場合によく用いられることも知られています。このように、ある環境ではほとんど同じ意味にとることができる形式でも、別の環境に置いてみるなどした場合に性質が異なることがわかることがあります。

■ 基本問題 5

　青森県津軽方言の例をみてみましょう。この方言においても、主節が命令であるかなどによって、条件表現の使用の可否が変わることがあります (三井 2002)。しかし、そのありかたは標準語のものとは異なります。どのように異なるでしょうか (例文は三井 2002 のものを改変)。

　　(25)　仕事　｛終われば／終わたら｝　飲みに　行ぐべし。
　　　　　"仕事が終わったら飲みに行こう"【勧誘】

　　(26)　休みに　｛なれば／なたら｝　十和田湖さ　あしびに　行ぐがなー。
　　　　　"休みになったら、十和田湖に遊びに行こうかな"【意志】

　　(27)　まま　｛*けば／食たら｝　歯　磨け。

70

　　　　"ご飯食べたら、歯を磨け"【命令】

```




```

　標準語の「ば」は、主節が意志や命令のときには非文法的でした。一方、津軽方言の「ば」については、命令の場合は標準語同様に非文法的であるものの、意志や勧誘の場合は文法的です。このように似たような形のものであっても、方言間で用法が異なることはよくあります。次はその例をもう1つみましょう。

標準語と同じ形でも…

■ 基本問題6

　次の例は、どれが皆さんにとって自然ですか？

　　（28）　どのボタンを ｜押せば／押したら／押すと｜、いいですか？

　　（29）　お金さえ ｜払えば／払ったら／払うと｜、子供を返してくれるんですね。

```




```

　これらは標準語ではどちらも「ば」が自然とされる例です。一方、特に関西方言話者は、どちらも「たら」がいいと感じたかもしれません。このように、条件を表す表現は同じ形が用意されていても、方言によって用いるものが異なる場合が多くあり、方言内でも、方言間でも、使い分けの状況は複雑であるといえます。

■ 発展問題2：東京と大阪の「ば」「と」「たら」

　東京と大阪で「ば」「と」「たら」などの使い分けを調査した結果（真田 2001: 36）の一部を下に示しています。（Ⅰ）～（Ⅲ）の例文を提示し、いずれの形式を用いるか、100人に尋ねた結果を東京と大阪に分けて示しています（合計が 100 にならないこともあります）。どのような傾向がみられるでしょうか？

　　（Ⅰ）もっと早く　｜起きれば／起きると／起きたら｜　よかった。

（Ⅱ）右に　　　　｛行けば／行くと／行ったら｝　ポストが見えます。

（Ⅲ）もし火事に　｛なれば／なると／なったら｝　どうしよう。

東京	Ⅰ	Ⅱ	Ⅲ
ば	94	16	0
と	4	75	0
たら	2	8	100

大阪	Ⅰ	Ⅱ	Ⅲ
ば	20	13	0
と	0	4	0
たら	78	83	100

■ 発展問題 3：西日本方言の「もって」

　四国や関西の方言では、(30)(31) のような、標準語の「ながら」に訳せる表現「もって」
があります。一方、(32)(33) は標準語の「ながら」を用いることはできるものの、「もって」
は使用できません。両者の違いは何でしょうか？（参考：国立国語研究所『方言文法全国地図
第 1 集』第 41 図）

（30）　食べもって歩くな。　　　　　　　"食べながら歩くな。"

（31）　大相撲見もって宿題した。　　　　"大相撲を見ながら宿題した。"

（32）＊恨みを抱きもって死んだ。　　　　"恨みを抱きながら死んだ。"

（33）＊子ども育てもって学位とった。　"子どもを育てながら学位をとった。"

　「もって」のほうは、ある瞬間に同時におこなわれる事態でないと使うことができないよう

です（ただし、「もって」がある方言間でも用法が異なるため、すべての「もって」がこのように記述できるとは限りません。これとは違う「もって」をお持ちのかたはぜひ、自分の「もって」がどのように記述できるか考えてみてください）。このように、一見、標準語と方言で一対一で対応しそうなものでも、細かな使い分けがある場合があります。

副詞節の分類　——どのような要素が生起できるか——

　副詞節には、同時進行を表す「ながら節」、仮定条件を表す「（れ）ば節」、理由を表す「ので節」、「から節」などさまざまなものがありますが、節の種類によって内部に含む要素に制限があります（南 1993 などを参照）。

　「はじめに」で「太郎は先生に褒め-られ-てい-た-だろう-ね」という例を示したとおり、日本語の述語では、核となる語根（この場合は「褒め」）に「（ら）れる」「ている」「た」「だろう」「ね」などの要素が順番にくっつきます。本書でも、このくっつく順番に、ヴォイス、アスペクト、テンス、モダリティについて説明していきます（第 10 〜 12 課）。

　同時進行の「ながら節」についていうと、このうちヴォイス表現の「（ら）れる」は「ながら節」内に生起しますが、アスペクト表現の「ている」より後の要素は生起しません（「わかっていながらふざけてしまった」のように逆接の意味の「ながら」は「ている」を含むことがあります）。また、「（れ）ば節」には、「（ら）れる」「ている」は生起しますが、「た」「だろう」は生起しません。「ので節」内には「だろう」以外の要素が、「から節」内にはすべての要素が生起します。

　（34）　叱られ ｛ながら／れば／るので／るから｝、冷や汗をかく。

　（35）　走ってい ｛*ながら／れば／るので／るから｝、汗をかく。

　（36）　走った ｛*ながら／*れば／ので／から｝、汗をかいた。

　（37）　走るだろう ｛*ながら／*れば／*ので／から｝、着替えておこう。

　このように、同じ副詞節でも、節の種類によって内部に生起する要素には制限があります。上で挙げた節以外に、「なら節」「のに節」「けど節」など、さまざまな副詞節でこのことを確めてみましょう。おおむね、述語の中でくっつく順番が後ろの要素ほど、生起できる副詞節が限られます。

第9課　活　用

　すでに第5課でいろいろな問題に取り組んでもらいましたが、この課では改めて活用についての理解を深めていきます。活用とは、動詞や形容詞などが、意味・機能に応じてその形を変えることをいいます。例えば「みる」という動詞であれば、「みない」「みます」「みる」「みれば」「みろ」のように形を変えることですが、それぞれ「否定」「丁寧」「非過去（現在および未来のこと、詳しくは第11課参照）」「仮定」「命令」のような意味・機能を持っています。方言によっては「自発」（第10課参照）など、特有の意味・機能に応じた活用形を持っていることがあります。また、日本語は特に動詞を活用させることで、「食べさせられていなかった」のように、述語を長く複雑にできるという特徴も有しています。

　方言に目を向けると、標準語とは違い、活用は驚くほど多様性に富んでいます。地理的に隣り合った方言でも違いがあることもあれば、同じ地域に住んでいても活用のしかたが微妙に異なる人もいます。そのような特徴を、断片的に考えるのではなく、体系的に捉えて記述していく必要があります。

■ 基本問題1

　次の各語形を音素表記（第2〜3課参照）したうえで形態分析（第5課参照）し、「非過去」、「否定」、「意志」、「仮定」を表す接辞の異形態のリストを作ってみましょう。その際、どの動詞をくらべればその異形態が導き出せるのかについても考えてみましょう。

話す	寝る	飲む	書く	食べる
話さない	寝ない	飲まない	書かない	食べない
話そう	寝よう	飲もう	書こう	食べよう
話せば	寝れば	飲めば	書けば	食べれば

「非過去」を表す接辞の異形態 ＿＿＿＿＿＿＿、＿＿＿＿＿＿＿

「否定」を表す接辞の異形態 ＿＿＿＿＿＿＿、＿＿＿＿＿＿＿

「意志」を表す接辞の異形態 ＿＿＿＿＿＿＿、＿＿＿＿＿＿＿

「仮定」を表す接辞の異形態 ＿＿＿＿＿＿＿、＿＿＿＿＿＿＿

このような分析から、活用には型（タイプ）があるということがいえます。動詞の活用型とは、国語で勉強した「五段活用」や「一段活用」といったもののことです。ここではこのような用語は使わず、改めて別の用語を使って覚えていくことにしましょう。動詞の活用型は、**子音語幹型**（＝五段活用）と**母音語幹型**（＝一段活用）に分けられます（「語幹」については第5課参照）。子音語幹動詞は r、k、s などの子音で語幹が終わる動詞で、母音語幹動詞は i や e などの母音で語幹が終わる動詞です。基本問題1の動詞では、「話す」と「飲む」と「書く」が子音語幹動詞、「寝る」と「食べる」が母音語幹動詞です。なお、標準語の動詞の活用型は上記の子音語幹型、母音語幹型の2つですが、「する」と「来る」は母音語幹型の特殊なタイプに位置づけられます。次の発展問題1で考えてみましょう。方言の活用について考えるときも、どのような動詞がどのような活用型をとるのかを調べておきましょう。

■ 発展問題1：「する」と「来る」の語幹

標準語の「する」と「来る」の各活用形を音素表記で考え、それぞれ語幹が何種類あるのかリストアップしてみましょう。

する				
su-ru				

「する」の語幹 ___su-___ 、_____ 、_____ 、_____ 、_____

来る				
ku-ru				

「来る」の語幹 ___ku-___ 、_____ 、_____ 、_____ 、_____

■ 基本問題2

標準語の子音語幹動詞のうち、hanas-（話す）のように語幹が s で終わるものを s 語幹動詞と呼ぶことにします。ではここで、s 語幹、k 語幹、g 語幹、n 語幹、b 語幹、m 語幹、r 語幹、t 語幹、w 語幹の動詞の例を、それぞれ複数挙げてみましょう（複数みつからないものもあります）。ただし、w 語幹動詞はみつけにくいので、否定形も考えながらみつけてみましょう。

s 語幹動詞	hanas-	k 語幹動詞	
g 語幹動詞		n 語幹動詞	
b 語幹動詞		m 語幹動詞	
r 語幹動詞		t 語幹動詞	
w 語幹動詞			

　さて、ここで九州方言に広くみられる**ラ行五段化**という現象についてみてみましょう。「乗る」（子音語幹動詞）と「見る」（母音語幹動詞）の活用（の一部）を、標準語と福岡方言を見比べながら確認します。福岡方言の「見る」の活用形には接辞境界（ハイフン）を入れていませんが、どのように分析するのがよいでしょうか？ なお、nor-ana-kaQta（乗らなかった）や nor-imas-eN（乗りません）などと言えるので、否定の接辞は -(a)na、丁寧の接辞は -(a)mas と分析しています。

表1　標準語の動詞の活用

	否定	丁寧	非過去	仮定	命令
乗る	nor-ana-i	nor-imas-u	nor-u	nor-eba	nor-e
見る	mi-na-i	mi-mas-u	mi-ru	mi-reba	mi-ro

表2　福岡方言の動詞の活用

	否定	丁寧	非過去	仮定	命令
乗る	nor-aN	nor-imas-u	nor-u	nor-eba	nor-e
見る	miraN	mimasu	miru	mireba	mire

　まず、表1と表2の「否定」と「命令」に注目してみると、語幹が mir- で子音語幹動詞のようになっています。このとき、mi- と mir- は異形態である、つまり語幹が複数あると考えておきます。また同時に、「命令」のときにつく接辞が -ro ではなく -e になっています。方言研究において広く知られている「**ラ行五段化**」という用語は高校までで習った活用表をもとに分析した際の考えかたを反映したものですが、現象としては表2のようなものを指しています。つまり、一部の活用形が子音語幹化しているということです。福岡県内の筑後域などでは「丁寧」を mir-imas-u と言うこともあり（陣内 1997、過去形は miQta < mir-ta）、「非過去」を mir-u、「仮定」を mir-eba と分析してもいいはずなので、そうするとここでのすべての活用形において語幹は mir- で統一され、このような方言では「みる」はほぼ子音語幹動詞だと言っていいことになります。このようないわゆる「**ラ行五段化**」は、「乗る」のような（本家本元の）r 語幹動詞（子音語幹動詞）に所属する動詞の数が多いため、その活用のしかたに引っ張られて生じたものであると考えられています。このような現象を**類推**と呼びます。

方言の辞書や談話資料をみていたり、話者に調査をする中で、その方言特有の語幹や接辞が
みつかることがあります。そのようなときは、「これは標準語の活用表にないからいいや」な
どと無視せず、必ず活用表の中に入れておきましょう。

■ 発展問題 2：名詞化接辞

　日本語では、「釣る」に対して「釣り」、「考える」に対して「考え」のように、多くの動詞
がそれに対する名詞を持っています。これらの形式を音素表記したうえでさらに音素表記をし
ながら例を増やし、動詞語根から名詞を作る接辞（名詞化接辞）は何なのか考えてみましょう。
その際、子音語幹動詞、母音語幹動詞の違いに注意を払う必要があります。

　この問題を解いてみて気づいた人もいるでしょうが、無形の形態をたてたほうが体系的に説
明できるという考えかたがあります。このような形態をゼロ形態といい、「Ø」でこれを表記
します。

■ 発展問題 3：「しゃべる」と「蹴る」の命令形

　「しゃべる」や「蹴る」の命令形は、それぞれ「しゃべれ」「しゃべろ」、「蹴れ」「蹴ろ」と
言う人がいます。自分ではどちらになるのか内省してみたうえで、なぜこのように複数の形式
があるのか考えてみましょう。

形容詞・コピュラの活用

　日本語の形容詞は動詞とは活用のしかたが異なります。形容詞の活用についてはすでに第1課で簡単に触れました。例えば動詞の非過去を表す接辞は -(r)u (tabe-ru など) ですが、形容詞は -i (aka-i など) となり、形がまったく異なっています。一方で、次の事例研究2でも出てきますが、過去の場合、動詞の -ta (tabe-ta「食べた」) に対し、形容詞では -kaQta (aka-kaQta「赤かった」) が使われます。このように ta という形が出てくる点は動詞と形容詞で共通しています。

事例研究2：九州方言の「カ語尾」

　大分・宮崎を除く九州の大部分では、伝統的にいわゆる「カ語尾」と呼ばれる現象がみられます。標準語では「赤い」と言うのを、「赤か」などと言うものです (鹿児島方言の一部などでは、「赤か」のようなカ語尾と「あけ (＜あかい)」のようなイ語尾が混在していることもあります)。カ語尾は一般にもよく知られた方言的特徴であるといえますが、単に標準語のイをカに置き換えるという形式的な話ではなく、活用の面から非常に面白い現象であるといえます。カ語尾は非過去の形が異なっているだけではなく、さまざまな活用形の違いに現れてきます。ここで、動詞とカ語尾形容詞のとりうる接辞を、福岡方言を例に比べてみましょう。表にある「当為」とは「〜しなければ (ならない)」にあたる表現です。

表3　福岡方言の動詞とカ語尾形容詞のとりうる接辞

	過去	非過去	仮定	当為
見る	mi-ta	mi-ru	mi-reba	mir-ana
赤い	aka-kaQta	aka-ka	aka-kareba	aka-karana

続いて、標準語のイ語尾形容詞のとりうる接辞をみてみましょう。

表4　標準語の動詞とイ語尾形容詞のとりうる接辞

	過去	非過去	仮定	当為
見る	mi-ta	mi-ru	mi-reba	mi-nakereba
赤い	aka-kaQta	aka-i	aka-kereba	aka-ku-nakereba

　表3からわかるように、kar は仮定 (-kareba) と当為 (-karana) という2つの接辞に含まれています。これは、古典語の「カリ活用」の特徴を引き継いでいるものと考えられます。kar の後には動詞と同じ接辞がついています。このことから kar は動詞的な接辞を後続させるための

接辞であると考えることができます。

　また、第6課の発展問題1でもとりあげたように、形容詞がカ語尾をとる九州方言の中には、形容動詞（学校文法で言う形容動詞の語幹）にカをつけることで形容詞に近い活用をする方言もあります。ただしすべての形容動詞がカ語尾をとれるわけではなく、どのような活用形でとれるのかも含めて方言によってもさまざまなようで、詳しい実態については明らかになっていません。

▌発展問題4：コピュラの活用

　コピュラは「明日は雨だ。」の「だ」のように、名詞を述語にするために用いられるものです。この「だ」、あるいは皆さんの方言で使用されるコピュラはどのような活用をするでしょうか？

　鹿児島市方言の zjar-（平塚2018）や鹿児島県甑島里方言の jar-（平塚2017）などは、まるで動詞のようにさまざまな接辞をとります。ここでは鹿児島市方言のコピュラの活用を示しています。

表5　鹿児島市方言のコピュラ zjar- の活用

	否定疑問	丁寧	過去	非過去	仮定	尊敬
zjar-	zjar-aseN	zjar-imos-u (>zjaimosu)	zjar-ta (>zjaQta)	zjar-u (>zjaQ)	zjar-eba	zjar-ijar-u (>zjaijaQ)

活用の分析に正解はない

　ここまで基本的な考えかたを説明してきましたが、実は活用の分析に正解はありません。より正確に言うと、「唯一の」正解はありません。複雑な方言の分析になればなるほど、人によって分析のしかたが異なってくることがあります。それでいいのです。大切なことは、正確

なデータを集めること、そしてできるだけ「経済的に」＝「すっきりと」活用の体系を描くことです。同じデータに対して、いろいろな分析のしかたを持ち寄り議論することで、より方言の活用の分析は深まっていくはずです。活用の分析の一例として、全国諸方言を対象とした方言文法研究会（http://hougen.sakura.ne.jp）の活用の分析は参考になります。

音便

　現代標準語では「書く」に「〜て」が続いた形 kaite であり、古典語の kakite のような形ではなくなっています。「書く」の語根は kak ですが、例えば過去を表す接辞 -ta がつくと、kaita となりますね。これが、国語あるいは国語学で言う**音便**です。このとき、kt > it という音の変化が起こり、kak-ta > kaita となったと考えることができます（ただし接辞のありかたも含め、ほかの考えかたをとることもできます）。これを（形態）音韻規則といいます。方言の活用を記述するときには、この音便にも注意を払わなければなりません。方言の活用を記述する際は、どのような動詞があるのか、また、どのような音便が生じうるのかを網羅的に調べる必要があります。活用だけではなく、音便の種類も方言によってさまざまです。

■ 基本問題 3

　標準語の g 語幹動詞に過去を表す接辞 -ta がついたときには、どのような音韻規則を考えればよいでしょうか？ 具体的な g 語幹動詞の例を挙げて説明しましょう。

事例研究 3：サ行イ音便

　ここで、方言に特有な**サ行イ音便**という現象について確認しておきましょう。サ行イ音便とは、s 語幹動詞に生じる音便のことです。筆者が初めてのフィールドワーク（現地調査）をおこなった際、富山県五箇山方言の話者が「サイタリコロイタリ…」と言ったのを耳にしました。当時は方言の知識も希薄で何を言っているのかわからなかったのですが、サ行イ音便について

勉強すると、これは標準語で「刺したり殺したり」と言っていたのだということに気づきました（物騒ですが）。「刺す」も「殺す」も sas-、koros- という s 語幹動詞です。s 語幹動詞が -ta などの接辞をとるとき、標準語のように語幹と -ta の間に i が挿入されて sasita、korosita とならず、saita、koroita などとなるのがこの現象です。ちょうど標準語の「書く」や「脱ぐ」が kakita ではなく kaita（kt > it）、nugita ではなく nuida（gt > id）となるのと同じ音韻規則（st > it）がはたらいているといえます。つまり、このような方言では k 語幹動詞、g 語幹動詞と s 語幹動詞の音韻規則が揃っているといえます。このようなサ行イ音便を持つ方言は全国に広く存在しています（サ行イ音便も含め、音便の種類とその分布図は『日本方言大辞典　下巻』にある「音韻総覧」の 76、77 ページを参照してください）。

事例研究4 ：複数の音韻規則

　九州方言では、「噛んだ」を koRda、「浮かんだ」を ukoRda と言うことがあります。それぞれの語幹は kam、ukab ですが、

　① mt > ud、bt > ud　　kamta > kauda、ukabta > ukauda
　② au > oR　　kauda > koRda、ukauda > ukoRda

という 2 つの音韻規則が順番にはたらいていると考えられます。

　ところで、西日本方言で「買った」を koRta と言うのは聞いたことがあるのではないでしょうか？ ここでも複数の音韻規則（① wt > ut、② au > oR）がはたらいていると考えることができます（kawta > kauta > koRta）。

発展問題5：埼玉県東南部方言の動詞に生じる音便

　埼玉県東南部方言では、k 語幹動詞に -te や -ta が続くと kt > it という音韻規則がはたらきます（kak-"書く"は kaite、kaita のように）。しかしながら、aruk-u "歩く"と maruk-u "束ねる"は例外的に kt > Qt という音韻規則がはたらき、以下のような形になります（原田 2016）。（1）の「が」は [ŋa] を表します。

　　（1）　なが　のーじ　あるって　くたびれた。"長い間歩いたので疲れた"
　　（2）　わら　まるって　しまっとくれ。"藁を束ねてしまっておけ"

　すでにこの課でみたように、標準語では k 語幹動詞、例えば kak- は kt > it という音韻規則がはたらき kaite のようになりますが、標準語にもこの方言の aruku と maruku と同じような kt > Qt という例外的な音韻規則がはたらく k 語幹動詞がたった 1 つだけ存在します。その動詞は何でしょうか？

<table>
<tr><td>第10課</td><td># ヴォイス</td></tr>
</table>

ヴォイスとは？

右の場面を描写する標準語の文を2つ書いてみましょう。

（1）　猫（　が　）クモ（＿＿＿）見（＿＿＿＿＿）。

（2）　猫（　に　）クモ（＿＿＿）見（＿＿＿＿＿）。

たった1つの場面を描写しているにも関わらず、言語を用いてそれを描写する場合、複数の言いかたが可能です。これは人間言語の大きな特徴の1つといえます。

さて、上の（1）と（2）はまったく同じ場面を描写しているのですが、言語表現としての意味は異なります。では、その言語表現自体はどのように異なっているでしょうか？　（1）では、「猫」の後に「が」が、そして「クモ」の後に「を」が用いられているはずです。それに対して、（2）では、「猫」の後には「に」が、「クモ」の後には「が」が用いられ、さらに動詞に「られ」が追加されているはずです。

このように、動詞の側に形態的変更が加えられ、かつ、名詞と格助詞の側にも変更が加えられる現象を**ヴォイス**（または**態**）といいます。狭い意味では**受身**や**使役**だけのことを指す場合がありますが、本課では、**可能**や**自発**なども含んだ広い意味でのヴォイスについて勉強します。以下のようなものです。それぞれ、動詞、名詞、助詞の交替があることがわかると思います。

能動文：トムは昔の恋人のことを思い出した。

受身文：トムに昔の恋人のことを思い出されて、ジゼルは怒った。

使役文：ジゼルはむりやりトムに昔の恋人のことを思い出させた。

可能文：トムにはまだ昔の恋人のことが思い出せる。

自発文：ふと昔の恋人のことが思い出された。

■ 基本問題1

日本語（標準語）と英語の受身を比べることで、日本語の受身の特徴をみていきます。（1）〜（4）の例文をみて、英語と日本語の受身の違いを考えてみましょう。

（3）　A cat looked at a spider.

（4）　A spider was looked at by a cat.

表　日本語と英語の受身の違い

	日本語	英語
名詞に関して		
動詞に関して		

日本語のヴォイスの特徴

　日本語と英語を比べることでわかることがいくつもあります。まず、日本語の格助詞の重要性について説明します。冒頭の（1）と次の（5）を比べてみましょう。

　　（5）　猫（　を　）クモ（　が　）見（　ている　）。

　（1）と（5）は「猫」と「クモ」が出てくる順番は同じですが、「を」と「が」が入れ替わっています。その結果、（1）と（5）では、みる側とみられる側が逆になっています。では、次の文はどうでしょうか？　（1）と（6）を比べてみましょう。

　　（6）　クモ（　を　）猫（　が　）見（　ている　）。

　（1）と（6）では、「猫」と「クモ」が出てくる順番が逆転しています。しかし、それらの後に続く「が」や「を」は（1）と（6）で変わりはありません。この場合、（1）と（6）でみる側とみられる側に違いはありません。このことから、重要なのは名詞が出てくる順番ではなく、格助詞であるということが理解できると思います。

　ヴォイスではないと考えられる例も確認しておきましょう。次の例文を比べてわかるとおり、「ている」などは名詞と格助詞の側に変更はありません。そのため、「ている」はヴォイスには関わらないといえます。

　　（7）　猫がクモを見た。

　　（8）　猫がクモを見ていた。

■ 基本問題 2

　さらに日本語と英語の受身を比べてみましょう。似たような意味を表しているはずなのに、英語では非文法的とされる例がいくつもあります。では、どのような場合に英語では非文法的とされるか考えてみましょう。

　（9）a.　Derek was beaten by David.　　　　b.　デレックはデイビッドに殴られた。

　（10）a.　ET was directed by Spielberg.　　　b.　ET はスピルバーグによって製作された。

　（11）a.　*I was rained.　　　　　　　　　　b.　私は雨に降られた。

（12）a. *He was cried by her.　　　　　b. 彼は彼女に泣かれた。

（これらの例からわかるように、英語では自動詞文を受身文にすることが不可能であるのに対し、日本語ではそれが可能です。ただ、これは標準語ではそう、というだけで、方言では状況が異なるはずですので、いろいろな方言を調べてみましょう。）

これらの例からわかるように、英語では自動詞文を受身文にすることが不可能であるのに対し、日本語ではそれが可能です。ただ、これは標準語ではそう、というだけで、方言では状況が異なるはずですので、いろいろな方言を調べてみましょう。

■ 発展問題１：日本語の受身の特徴②

自動詞でも受身文を作れるのが日本語の特徴、と述べましたが、以下のようなペアも日英語で違いがあります。これらの違いと、上の違いを統一的に説明するにはどのような説明がいいでしょうか？

（13）a. *I was played the piano by Chick in the early morning.

　　　b. 私は早朝にチックにピアノをひかれた。

（14）a. *I was stolen my wallet.

　　　b. 私は財布を盗まれた。

■ 基本問題3

上では、受身の場合をみました。では、使役の場合は、どのような格助詞と動詞の変更が加えられるでしょうか？　受身では、「猫がクモをみた」と「クモが猫にみられた」を考えた場合、以下のような変更がおこなわれました。

（15）　名詞と格助詞の変更点：「が」→「に」、「を」→「が」

　　　　動詞の変更点：　　　　　「られ」を追加

では、「ヒロシが絵を描いた」と「先生がヒロシに絵を描かせた」という２つの文をもとに考えてみましょう。

（16）　名詞と格助詞の変更点：

　　　　動詞の変更点：

　上の受身の例は格助詞の変更だけでしたが、使役の場合は、名詞が追加されているのがわかります。このようにヴォイスにまつわる現象では、格助詞だけでなく、文に参加する名詞の数にも変更が加えられる場合があります。

■ 基本問題 4

　受身、使役、可能、自発以外にもヴォイスに関わる現象はあります。どのようなものが考えられるでしょうか？ 例えば、「子どもに本を読んであげた」のように、恩恵のやりとりを表す、いわゆる「やりもらい」の表現を考えてみましょう。

■ 基本問題 5

　次の文は、皆さんにとって違和感のないものですか？

　（17）　このディナーは有名なシェフに作られた。

　（18）　昔の自動車は熟練工に組み立てられた。

　一般的にこれらの文は、標準語では不自然なものとされます。これらは、「に」を「によって」に替えることでより自然に感じられる、という人が多いのではないかと思います。では、「によって」が用いられる受身文とはどのようなものでしょうか？ （17）（18）に共通する点を考えてみましょう。

　（17）（18）のように、「作る」に代表される、何かを創作したり、作成したりする動詞と「によって」の親和性が高いと言われています。

■ 発展問題2：福岡方言の「から」受身

次に、福岡方言を観察してみましょう。

（19）　トムから殴られた。

この文は、「トムとビルがいて、ビルより先にトムからまず殴られた」という意味にもとれますが、福岡方言では「トムに殴られた」（トムが動作主）という意味にも、とることができます。このように、「から」に相当する格助詞を受身文のときの動作主の標示に用いる方言が観察されます。一方、次は福岡方言でも不適格です。

（20）＊昔の自動車は熟練工から組み立てられた。

では、以下の例文をみて、福岡方言においてはどのような場合に、受身文の動作主に「から」を使うことができなくなるか、考えてみましょう。

（21）＊このクッキーは有名なパティシエから焼かれた。

（22）　見習いの僧侶から金閣寺が焼かれた。

（23）＊清少納言から枕草子が書かれた。

（24）　このあいだのお土産はみんなから喜ばれた。

■ 発展問題3：「から」受身

皆さんは「に」のかわりに「から」を使う受身文を使うことができますか？　もしできるとしたら、どのような動詞だったら可能でしょうか？

（25）　トム {に／から}　a.殴られた　b.みられた　c.褒められた

自発

　自発とは「そのつもりがないのに、自然にそうしてしまう」ということを表す概念です。標準語では、「故郷のことが思い出される」（思い出すつもりがないのに自然に思い出してしまう）や「感じられる」「悔やまれる」のように、受身接辞と同じ形の (r)are が心理動詞についたときに限り自発の意味を表します。しかし、北海道方言では (r)are とは別に自発接辞 (r)asar があり、心理動詞に限らず広く使われます（佐々木 2007、円山 2016 をもとに例文をアレンジしました）。

　　（26）　この漬物はおいしすぎて、ついついご飯が食べらさる。

　　（27）　今朝、何でか 5 時前に起きらさったから眠いわー。

　この場合、食べる／起きるつもりがないのにそうしてしまったことが tabe-rasar-u（食べらさる）／oki-rasar-u（起きらさる）によって表されます。自発表現を使うと、動作主の意志がなかったことが表されるわけです。

　自発表現は意志を持つ動作主の存在を捨象して動作対象の変化や状態を表す場合にも使われます。

　　（28）　一時間で校庭に大きな丸が書かさった。

　　（29）　大きな丸が書かさってる。

　この例では、誰かが大きな丸を書いたはずですが、その「誰か」は文中に出てきません。動作対象の「丸」について、「書かれた」という変化や「書かれている」という状態を表すだけです。このような (r)asar（方言によって (r)ar）は、北海道のほか、東日本の複数の方言にあります。

■ 基本問題 6

　次に示す北海道方言の例文を標準語に訳してみましょう。

　　（30）　「お前、今、後ろから押したな」「押したんじゃないよ、押ささったんだよ」

　　（31）　ベランダに洗濯物が干ささってる。

可能

　日本語諸方言のヴォイス関連の現象で最もバリエーションが大きいのが、可能にまつわる表現です。次で学ぶことも参考にしながら、皆さんの方言でも可能や不可能の言い分けがあるか、

考えてみてください。

■基本問題7

九州の多くの方言では、「泳ぐことができない」という意味を表したいとき、「泳ぎきらん」「泳がれん」という2通りの言いかたが可能です。これらの間には意味的な違いがあると言われていますが、例をみて、どのような違いか考えてみましょう。

(32) この川は汚すぎて｜*泳ぎきらん／泳がれん｜。

(33) 波に慣れてないから海では｜泳ぎきらん／*泳がれん｜。

(34) この廊下は滑るから｜*走りきらん／走られん｜。

(35) 100mを11秒では｜走りきらん／*走られん｜。

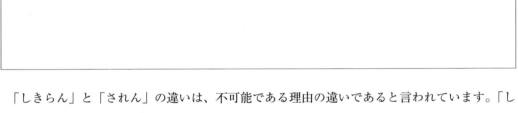

「しきらん」と「されん」の違いは、不可能である理由の違いであると言われています。「しきらん」のほうは能力の問題で不可能、「されん」のほうは能力には関係ない不可能とされます。そのため、前者を能力 (不) 可能、後者を状況 (不) 可能と呼びます。

■発展問題4：大阪方言の不可能

次に挙げる大阪方言の会話例では、標準語の「書けない」にあたる表現として「書かれへん」と「よう書かん」の2つの表現が使われています。本課の内容をもとに、「書かれへん」と「よう書かん」がどのように使い分けられているか、本課を読んでいない人にもわかるように説明してみましょう。なお、会話例の［　］で示すのは標準語訳です。

> イリス：私、ワタナベ君のこと、好きやねん。
>
> 　　　　［私、ワタナベ君のことが、好きなんだ。］
>
> クロエ：それやったら、ラブレターでも書いたらええやんか。
>
> 　　　　［それなら、ラブレターでも書いたらいいじゃない。］
>
> イリス：せやけど、恥ずかしくてよう書かんねん。
>
> 　　　　［だけど、恥ずかしくて書けないの。］

クロエ：ええから、書きいな。ほら、紙とペン貸してあげるから。

　　　　[いいから書きなさいよ。ほら、紙とペン貸してあげるから。]

イリス：ありがとう。……このペン、インクが切れて書かれへんやん。

　　　　[ありがとう。……このペン、インクが切れて書けないじゃない。]

クロエ：あ、そやった？ ほんなら、このペン、使い。

　　　　[あ、そうだった？ それなら、このペン、使いなさい。]

イリス：うーん、部屋が暗くて書かれへんわ。

　　　　[うーん、部屋が暗くて書けないよ。]

クロエ：めんどくさいやっちゃなあ。ほら、電気つけたったから。

　　　　[めんどくさいやつだなあ。ほら、電気つけてあげたから。]

イリス：ワタナベ君の「ナベ」の字、どない書くんやったかな。

　　　　[ワタナベ君の「ナベ」の字、どう書くんだったかな。]

クロエ：そういえば、「辺」やなくて、なんか難しい漢字の「ナベ」やったな。

　　　　[そういえば、「辺」じゃなくて、なんか難しい漢字の「ナベ」だったね。]

イリス：漢字がわからんくて、私、よう書かんわ。

　　　　[漢字がわからなくて、私、書けないよ。]

第11課 | アスペクト・テンス

アスペクトとは

　アスペクトとは、ある動作や変化が時間的にどのような段階にあるのかを表し分けるものです。方言のアスペクトについて考える前に、まずは標準語のアスペクト表現「ている」（後述するように「る」の部分はテンスに関わる形態素ですので、接辞としては -tei ということになります）がどのような意味を表すのかを確認しておきましょう。次の2つの例文をみてください。

　（1）　弟はラーメンを食べている。

　（2）　私の自転車は壊れている。

　（1）の例文に現れる「食べる」を含め「開ける」「壊す」「みる」「飲む」「歩く」などの動作動詞（主語の継続的な動作を表す動詞）は、「ている」がつくと進行を、「開く」「壊れる」「枯れる」「来る」「座る」などの変化動詞（主語の瞬間的な変化を表す動詞）は、「ている」がつくと結果を表します。つまりここでは、（1）の「食べる」は動作動詞なので進行、（2）の「壊れる」は変化動詞なので結果を表していることになります。

　ここで、進行と結果の違いについて、もう少しわかりやすく説明しておきます。動作動詞であれば、動作の開始点と終了点があり、その間には時間的な幅があります。一方、変化動詞は動作が瞬間的なので、開始点と終了点の間に時間的な幅がなく、開始点と終了点がイコールであるといえます。これらの動詞の性質の違いが、「ている」の表す局面の違いにつながっています。テイルが動作動詞につくと、開始点から終了点までの局面を、「ている」が変化動詞につくと、開始点／終了点より後の局面を表します。

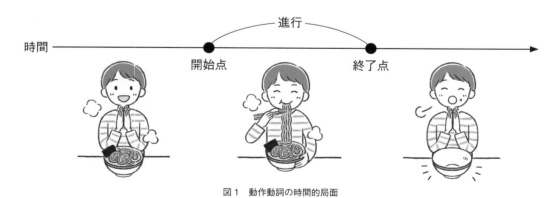

図1　動作動詞の時間的局面

時間 ———→ 結果

開始点／終了点

図2　変化動詞の時間的局面

時間的な局面を表さない「ている」

続いて、以下の3つの例文をみてみましょう。

（3）　私は最近よくケンカをしている。

（4）　妹は2度留学している。

（5）　この道はくねくね曲がっている。

「ている」の持つ時間的な局面は（1）や（2）でみた進行と結果ですが、ここで挙げている（3）は反復習慣、（4）は経歴、（5）は恒常的特徴を表すものとして使用されています。これらは時間軸上に位置づけられる局面を表すものではありません。「恒常的特徴」は先に述べた「結果」とは異なり、何かしらの変化が起こったとは想定しません（（5）であれば「道」はもともと「曲がっている」のであって、「曲がる」という変化が起こったわけではありません）。

■ 基本問題 1

以下の例文にはすべて「食べている」という述語が用いられていますが、進行、反復習慣、経歴のどの意味を表しているでしょうか？

（6）　チャールズはこれまでに100回以上納豆を食べている。　＿＿＿＿＿＿＿

（7）　チャールズは毎朝納豆を食べている。　＿＿＿＿＿＿＿

（8）　チャールズはさっきからずっと納豆を食べている。　＿＿＿＿＿＿＿

西日本方言の「よる」／「とる」

先に標準語の「ている」について考えましたが、西日本方言のアスペクトは体系が大きく異なっています。おおよそ姫路以西の西日本方言（九州方言を含む）では、進行を「よる」、結果を「とる」で表します（ただし、姫路以東にも点在しており、また、過去形「よった」を持つ方言などは中部地方などにもあります）。形式にはバリエーションがみられ、「よる」／「とる」

は「よー」／「とー」であったり、「とる」は「ちょる」であったり、「しよる」が「しょーる」になったりする方言もあります。

　（9）　弟はラーメンを<u>食べよる</u>。

　（10）　私の自転車は<u>壊れとる</u>。

また、反復習慣は「よる」、経歴および恒常的特徴は「とる」で表されます。

　（11）　私は最近よくケンカを<u>しよる</u>。

　（12）　妹は2度留学<u>しとる</u>。

　（13）　この道はくねくね<u>曲がっとる</u>。

　以上みてきたように、標準語は複数の意味を「ている」という1形式が抱え込む大変な体系になっている一方、西日本方言では「よる」と「とる」がそれを分担している体系であるといえます。姫路以東で「とる」という形式を使用する方言も多くありますが、「ている」と「とる」のどちらを使用するかという問題ではない点に注意が必要です。「とる」を使う方言であっても、「よる」を持っておらず、「ている」と同じ意味で使用しているのであれば、それは標準語のアスペクト体系と変わりません。

　ただし特に若年層方言では徐々に動作動詞に「とる」がついて進行を表すようにもなってきており（「今テレビをみとる」など）、標準語と同様1形式で複数の意味を持つように変化しつつあります（なぜこのような変化が進んでいるのかはよくわかっていません）。

■ 基本問題2

　西日本方言では「よる」が動作動詞につくことで進行を表しますが、これが変化動詞につくとどのような局面を表すのでしょうか？　（14）をみてみましょう。

　（14）　あ、ろうそくの火が<u>消えよる</u>！

　この（14）の例文ではろうそくの火が消えそうになっていることが表されます。消える兆候が続いている状態です。一方、標準語では「ている」を使って「あ、ろうそくの火が<u>消えている</u>！」と言っても結果を表すことになり、（14）の事態とは異なっています。先に示した図2に新しく兆候点（兆候が始まる時点）を導入すると、この局面は開始の兆候点と開始点／終了点の間ということになります。これを将然と呼びます（将然は動作動詞の場合でも想定することができます）。では、標準語では将然を表す場合にどのような言いかたをすればいいでしょうか？　複数ある場合はすべて挙げてみましょう。

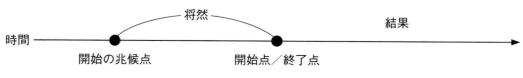

図3　変化動詞の将然と結果

形容詞に接続する「よる」／「とる」

　上記のように「よる」や「とる」は典型的には動詞に接続する形式ですが、九州方言では形容詞語根に -kar（第9課参照）がついた語幹に「よる」が接続することがあります。典型的には過去形で用いられるようで、詳細な意味記述がまだなされていないのですが、反復習慣的な事態を思い出す際に使用されることが多いようです。

（15）　昔ん運動会は<u>よかりよった</u>ばってんなあ。"昔の運動会はよかったけどなあ。"

【長崎方言（坂口 1998）】

　また、福岡市方言などではこれまで報告の多い「よる」ではなく、まれに形容詞に「とる」が用いられることがあります（「とった」は「とる」の過去形）。

（16）　（バイクの）右折の体勢が<u>悪かっとった</u>。"右折の体勢が悪かった。"

【福岡市方言（筆者収集によるものを一部改変）】

■発展問題1：福島県北部方言の「ている」

　九州方言で形容詞述語に「よる」、「とる」が生起するのと同じく、東北方言でも形容詞型活用の述語に「ている」が生起することがあります。下に挙げるのは、福島県北部方言の例文です。これらの例文をみて、この方言で形容詞型活用の述語に「ている」が生起するのはどのようなときか考えてみてください。

（17）　いつも厳しい山田先生が、何だか今日は<u>優しくている</u>。

（18）　俺、ちょっと今、<u>気分悪くている</u>。

（19）＊俺、生まれつき、<u>頭悪くている</u>。

（20）　じいちゃんが、茶の間でパソコンの使いかた<u>わかんねくている</u>。

（語釈：わかんねえ＝わからない）

（21）＊ふつうのお年寄りは、パソコンの使いかたなんて、<u>わかんねくている</u>。

```
┌─────────────────────────────────────────────────────┐
│                                                       │
│                                                       │
│                                                       │
│                                                       │
│                                                       │
│                                                       │
│                                                       │
│                                                       │
│                                                       │
│                                                       │
│                                                       │
│                                                       │
└─────────────────────────────────────────────────────┘
```

テンスとは

　テンスとは、発話時を基準とした出来事の前後関係を表す概念です。皆さんが英語を勉強したときに出てきた用語に置き換えると、「時制」にあたります。「時制」に関連して、「過去」、「現在」、「未来」といった用語を思い出した人もいるかもしれません。ここでは、「発話時を基準とした出来事の前後関係」と「動詞の形態的対立」が何かを理解し、さらに方言でどのような関連現象がみられるのかをみていきましょう。

非過去形と過去形

　日本語のテンスの形態的特徴を考える際は、「過去形」、「現在形」、「未来形」と言わずに、「過去形」、「非過去形」という用語を使うことが一般的です。「非過去形」というのは耳慣れない用語かもしれませんが、なぜこのような用語を使うことになっているのでしょうか？ （22）～（24）の動詞の形を見比べて、「過去」、「現在」、「未来」のどれを表しているのか考えてください。

　（22）　昨日、公園にいた。　　（　　過去　／　現在　／　未来　　）
　（23）　現在、公園にいる。　　（　　過去　／　現在　／　未来　　）
　（24）　明日、公園にいる。　　（　　過去　／　現在　／　未来　　）

　どれも文頭にある副詞を手がかりに答えを導き出すことができたのではないでしょうか？ （22）のように、日本語は -ta という接辞を用いることで、過去を表すことができます。一方、（23）、（24）の動詞についている接辞は -(r)u ですが、これは現在と未来の両方を表すことができます。このとき、-(r)u がついた形をいちいち「現在・未来形」というよりは、これをま

とめて「非過去形」と言ったほうがすっきりします。つまり、過去／非過去の対立を考えていることになります。

　なお、(22)～(24) では「いる」という静的述語の例をみましたが、「行く」のような動的述語の場合は、-(r)u は現在を表さず、未来のみを表します。動的述語は動作や変化など、時間的な局面の進展を意味として持つ述語、静的述語は時間的進展性のない述語のことです（『日本語文法事典』より）。

　(25) *現在、公園に<u>行く</u>。

　(26) 明日、公園に<u>行く</u>。

　以上をまとめると、動的述語では -(r)u が<u>未来</u>を、静的述語では -(r)u が<u>現在と未来</u>を表すといえます。後者は存在動詞の「いる」・「ある」、形容詞、動詞に「ている」・「てある」がついたもの（先に述べたアスペクト表現）などが含まれます。

事例研究：過去を表す形式のバリエーション

　過去を表すのに -ta 以外の形式を使用する方言もみられます。

　(27) へー（もう）行っ<u>と</u>ー。　　　　　　　　　　　　　　　【山梨県甲府市方言（吉田 2014）】

　(28) あんた今朝はやけに早く起き<u>け</u>ねえ。　　　　　　　　【静岡県焼津市方言（中田 1979）】

　(29) 行っ<u>つ</u>わいえ。　　　　　　　　　【静岡県浜松市天竜区水窪町方言（中田 2002）】

　(30) 道路の真ん中に大けな石が落っ<u>ちょっと</u>ー。

　　　　　　　　　　　　　　　　　　　　　　【高知県四万十市西土佐奥屋内方言（平塚 2015）】

　ただし、いずれの形式も標準語の -ta に完全に置換可能なわけではなく、接続する品詞が限られていたり、モダリティ（第 12 課参照）や発話者がどのような情報をもとにしているかを示すエヴィデンシャリティ（証拠性）に関わる形式もあることが知られています。

絶対テンス・相対テンス

　第 8 課で学んだように、従属節を作る形式のうち、例えば「～ながら」や「～て」などには非過去形・過去形の対立がありません。しかし従属節を作る形式の中にも、テンス形式をとることができるものが存在しています。ここでは従属節のテンスについて考えます。

　「テンスとは？」の冒頭で書いたように、テンスとは発話時を基準とした出来事の前後関係を表す概念ですが、従属節のテンスには発話時を基準としないものがあります。このとき、従属節のテンスは主節の事態と従属節の事態の前後関係を表します。次の例をみてみましょう。

　(31) 京都に<u>行く</u>とき、お土産を買った。

　(32) 京都に<u>行った</u>とき、お土産を買った。

　(31) では、「お土産を買う」 → 「京都に行く」という事態の前後関係が表されており、逆に

（32）では「京都に行く」→「お土産を買う」という事態の前後関係が表されています。どちらの事態も発話時以前の事態ではあるのですが、ここでは「る」と「た」の使い分けにより、主節が表す事態との前後関係を示していることになります。このように主節時以前かどうかを表し分けるテンスを、相対テンスと呼びます。一方、「お土産を買った。」のように、発話時以前であるかどうかを表し分けるテンスを絶対テンスと呼びます。

■ 発展問題2：副詞節のテンス

　副詞節（第8課参照）を作る「ば」「と」「なら」に非過去形・過去形の対立があるかどうか、例文を作成しながら考えてみましょう。

■ 発展問題3：東北方言の「たった」

　一部の東北方言は「た」に加え、標準語にはない「たった」という過去接辞を持っています。以下、竹田（2020）より用例を引用します（一部改変）。

　　（33）（年賀状を書き終えて）私は昨日、年賀状を ｜書いだ／書いだった｜。

　　（34）（バスが走り去ってしばらくして来た人に）バスはちょっと前に ｜来た／来たった｜ よ。

　　（35）（友人宅から帰宅して）あいつは年賀状をいっぱい ｜書いだ／書いだった｜ のや。

　　（36）（散歩から帰宅して）私は今日、たくさん ｜歩いだ（歩った）／歩いだった｜ よ。

　（33）～（36）の例では「た」も「たった」も使用できるようですが、「たった」だけが使用できない場合があるようです。以下の例をみてみましょう。

　　（37）（郵便屋さんが来るのを見ながら）ほら見て、郵便屋さんが ｜来た／*来たった｜ よ。

　　（38）（聞き手が年賀状を書いているその脇で、でき上がった年賀状を見ながら）お前、ずいぶんいっぱい ｜書いだ／*書いだった｜ なや。

　　（39）（立ち止まり、後ろを振り返って確認しながら）いやー、ずいぶん ｜歩いだ／ *歩い

だった｝なー。

　これらの例をみて、「たった」が用いられるのはどのような過去であると一般化できるで
しょうか。出来事と発話時の関係性に注目しながら考えてみましょう。

第12課 モダリティ

モダリティとは

「寝てる。」は誰かが寝ている様子を客観的に表す文ですが、「寝てろ。」では命令という話し手の気持ちが表されます。「寝てたい。」「寝てるね？」「きっと寝てるはずだ。」では、それぞれ希望、確認、推論などの話し手の気持ちが表されます。このように、文に何らかの要素を付け加えることで表される話し手の気持ちをモダリティ（modality）といいます。「気持ち」というものが定義しにくいように、モダリティという用語の定義も難しく、研究者によってさまざまな捉えかたがありますが、モダリティとみなされる要素にどのようなものがあるか、具体的な例を以下に挙げていきます。

どんな気持ちか（1）　認識に関わるもの・行動に関わるもの

人間は、確かな事実ではないことを、個人の認識として述べることがあります。例えば、未来のことは確かめようがないので、個人の認識として推測するしかありません。"これから雨が降る"という事態を推測する場合、「降るだろう」「降るかもしれない」「降るはずだ」「降るみたいだ」などさまざまな言いかたがあります。これら「だろう」「かもしれない」「はずだ」「みたいだ」は、不確かなことについての個人の認識を表すモダリティの形式ということになります。

一方、人間のとる行動について望ましく思うかどうかを表すモダリティ形式もあります。例えば、"お茶を飲む"という行動について「飲みたい」「飲むべきだ」「飲んでもいい」「飲んではいけない」などさまざまな言いかたがあります。これら「たい」「べきだ」「てもいい」「てはいけない」は、その行動についての望ましさを表すモダリティ形式ということになります。

■ 基本問題1

上では認識を表すモダリティ形式として「だろう」「かもしれない」など、行動の望ましさを表すモダリティ形式として「たい」「べきだ」などを挙げましたが、モダリティ形式はほかにもあります。それぞれ"雨が降る"という事態、"お茶を飲む"という行動を例に、なるべくたくさんのモダリティ形式を挙げましょう。方言のモダリティ形式を思いついたら、それも挙げましょう。例えば、「だろう」に相当する方言の形式は全国にさまざまなものがあります。

■ 発展問題１：英語の助動詞

次の英語の文を日本語に訳し、may、must の意味がどう違うか考えましょう。

（１）a. It may rain tomorrow.　　　　b. You may drink tea.

（２）a. It must be cold now in Hokkaido.　　b. I must do my homework now.

　高校までに習ったと思いますが、英語の助動詞は認識に関わるモダリティと行動の望ましさに関わるモダリティの両方の意味を持つことがあります。例えば、may は「かもしれない」「してもよい」、must は「に違いない」「しなくてはならない」の両方の意味を持ちます。英語のモダリティ研究では、認識に関わるモダリティをエピステミックモダリティ（epistemic modality）、行動に関わるモダリティをデオンティックモダリティ（deontic modality）といいます。

　日本語でも、古典語の助動詞「べし」は現代語の「だろう」に近い認識に関わる意味と、現代語の「べきだ」などに近い行動に関わる意味の両方を持っていたとされます。この「べし」に由来するモダリティ形式として、現代の東日本の諸方言では「べ」が使われます。「べ」にも、「雨が降るべ」"雨が降るだろう"のように認識に関わるモダリティを表す場合と「お茶を飲むべ」"お茶を飲もう"のように行動に関わるモダリティを表す場合の両方があります。

どんな気持ちか（2）　「今」の気持ちかどうか

■基本問題2

　モダリティ形式「はずだ」について、「雨が降る<u>はずだった</u>」のように"モダリティ–過去"の順に要素が接続した場合と「雨が降っ<u>たはずだ</u>」のように"過去–モダリティ"の順に要素が接続した場合で、文の意味がどう違うか説明しましょう。

　認識を表すモダリティ形式として「だろう」「かもしれない」「はずだ」「みたいだ」を挙げましたが、「だろう」とそれ以外の形式には大きな違いがあります。「だろう」以外の形式は「かもしれなかった」「はずだった」「みたいだった」のように過去形にできますが、「だろう」は「*だろうた」のように過去形にできません。つまり、「だろう」以外の形式は過去の認識を表せますが、「だろう」はその文を発した時点での「今」の認識しか表さないわけです。

　本書の「はじめに」で「太郎は先生に褒め–られ–てい–た–だろう–ね」という例を挙げました。テンスの後に位置するモダリティ形式は「今」の認識を表すものだということになります。行動に関わるモダリティ形式でいうと、「飲もう」「飲め」が過去形にできないのに対し、「飲むつもりだ」「飲まなくてはならない」は過去形になります。このように、モダリティ形式には常に「今」の気持ちを表すものと、過去の気持ちも表すものがあります。

どんな気持ちか（3）　文の内容に対するもの・聞き手に対するもの

　「雨が降ってる<u>かもしれない</u>。」という文では"雨が降ってる"という文の内容を不確かに思う話し手の気持ちが、「お茶を飲み<u>たい</u>。」という文では"お茶を飲む"という文の内容を希望する話し手の気持ちが表されます。

　一方、誰かに向けて「雨が降ってる<u>じゃないか</u>。」「お茶を飲み<u>なさい</u>。」などと言う場合、「じゃないか」「なさい」は文の内容に対する気持ちではなく、"雨が降ってる"という事実を確認させたり、"お茶を飲む"という行動を要求したりという形で聞き手に対する話し手の気

持ちを表します。

　このように、モダリティには、文の内容に対するもの、聞き手に対するものの2つがあります。述語構造と関連して考えると、「雨が降ってる-かもしれない-じゃないか。」のように、文の内容に対するモダリティの後に聞き手に対するモダリティが接続することになります。聞き手に対するモダリティは述語のいちばん最後に生起し、それより前に述べたことをどのように聞き手に投げかけるかを表す要素ということになります。

▊ 基本問題3

　同じ形式が文の内容に対するモダリティと聞き手に対するモダリティの両方で使われることがあります。例えば、標準語の「だろう」は、文の内容に対する推量の意味を表す場合と、聞き手に対する確認の意味を表す場合があります。次のうち、聞き手に対する確認の意味で使われた「だろ（う）」はどれか、そう考えた理由を含めて説明しましょう。

　　（3）「夏の北海道に行ったら楽しい<u>だろう</u>な」「来年みんなで行こうよ」

　　（4）「トイレはどこ？」「あそこに看板がある<u>だろ</u>。あの看板の下だよ」

　　（5）「こないだ貸した金返せよ。約束した<u>だろう</u>」「ごめんごめん」

　　（6）「もう7時だね」「親に怒られる<u>だろう</u>から、そろそろ帰ろう」

▊ 発展問題2：関西方言の「ねん」

　第1課で説明したとおり、関西方言の「ねん」は標準語の「んだ」に似た意味を持ちますが、文の内容を受容する場合には使われず、聞き手に説明をするときに使われます。次の標準語の「んだ」のうち、「ねん」に置き換えられるものはどれか、そう考えた理由を含めて説明しましょう。

　　（7）（飲食店の予約をして）「なんで喫煙席なの？」「先輩がタバコ吸う<u>んだ</u>」

　　（8）（駅で列車の遅延に気づき、独り言で）「この路線、また遅れてる<u>んだ</u>」

　　（9）「週末はドライブに行こうっと」「えっ、あんた車の免許持ってる<u>んだ</u>」

文のタイプ

　ここまで「だろう」「はずだ」など文中の個別の要素が表すモダリティについて考えました。次に、文全体をモダリティの面から捉えて、つまり、話し手がどんな気持ちで文を発するかを考えて、文にはどのようなものがあるか整理します。

　私たちは何のために文を発するのか考えてみましょう。1つには、情報をやりとりするためです。情報のやりとりに関わる文として、単に情報を示す**平叙文**と、情報に不明な点があることを表す**疑問文**があります。対話場面では、話し手は平叙文で聞き手に情報を示し、疑問文で聞き手に情報を求めることになります。

　　（10）　今、部長は校庭にいる。（平叙文）

　　（11）　今、部長は校庭にいるか？（真偽疑問文）

　　（12）　今、部長はどこにいる？（疑問詞疑問文）

疑問文には、文で述べること全体の真偽が不明なことを表す真偽疑問文（Yes-No 疑問文）と文の一部分が不明であることを表す疑問詞疑問文（WH 疑問文）があります。（11）は「今、部長は校庭にいる」という文の内容の真偽が不明な真偽疑問文です。（12）は「今、部長は［　］にいる」という文の［　］の部分が不明な疑問詞疑問文です。疑問の意味は助詞「か」やイントネーションで表されます。

　文は、情報のやりとりだけでなく、話し手や聞き手の行動を表すためにも発せられます。

　　（13）　僕はコーヒーを飲もう。（意志文）

　　（14）　君はコーヒーを飲め。（命令文）

　　（15）　僕と君で一緒にコーヒーを飲もう。（勧誘文）

　行動に関わる文にはさまざまなものがあります。ここで挙げたのは、話し手の行動を表す**意志文**、聞き手の行動を指示する**命令文**、話し手・聞き手がともにおこなう行動を提案する**勧誘文**の例です。

このように、文には、情報を示したり求めたりしようとする、あるいは、何らかの行動の実現を望む話し手の気持ちが含まれます。このようなモダリティによる文の分類を文のタイプと呼ぶことがあります。どのような文のタイプを設定するかは研究者によって違いがあります。「一緒にコーヒーを飲もうか？」のように勧誘文でかつ疑問文という文もあります。

■ 基本問題4

その文が命令文であることを表す「行け」「しろ」などの命令形は、述語が特定の品詞で、かつ、特定のテンスのときにだけ成り立ちます。それがどのようなときか説明しましょう。

■ 発展問題3：文のタイプはどれ？

次の文がどのタイプの文にあたるか説明しましょう。文のタイプの定義は研究者によってさまざまです。自分自身でその定義を考えながら説明しましょう。

(16) 僕はきっと優勝する。　　(17) 今度の週末は遊びに行かないか？

(16)

(17)

▌発展問題４：「べ」の意味

　東日本の多くの方言で、標準語の「だろう」「う」にあたる形式として「べ」が使われます。例えば、「するべ」は「するだろう」ないし「しよう」という意味を表します。さて、次の例文の「べ」はどのように標準語訳できるか考えましょう。そのうえで、意志文を表す「しよう」として訳せるのは、主語の人称、述語の品詞がどのようなときか説明しましょう。

　　（18）　明日の大会は、あいつが優勝するべ。

　　（19）　明日の大会は、俺が優勝するべ。

　　（20）　明日の大会は、俺が優勝だべ。

終助詞

　次のように文末でモダリティを表す助詞を**終助詞**といいます。

　　（21）　雨だ｛わ／ぞ／よ／な／ね｝。

　終助詞がどのような意味を持つかは簡単に説明できません。例えば、「いいよ。」と「いいね。」の違いを日本語を知らない人に説明するのは難しいでしょう。ですが、文のタイプとの関わり、終助詞どうしの接続関係などから、文法的な特徴を整理することができます。

　例えば、標準語の終助詞「ぞ」と「よ」の違いを考えます。「いい天気だ｛ぞ／よ｝。」という例で比べると、「ぞ」も「よ」も聞き手に情報を示す点で似ています。「『ぞ』のほうが男性的」のような男女差はすぐに思い浮かびますが、それ以外にもさまざまな文法的な違いがあります。「よ」はさまざまなタイプの文に生起するのに対し、「ぞ」は平叙文以外に生起しません。

　　（22）　ここはどこだ｛*ぞ／よ｝。（疑問文）

　　（23）　早く行け｛*ぞ／よ｝。（命令文）

　次にほかの終助詞との接続関係を考えます。使う人は限られるかもしれませんが「か-よ」「わ-よ」という接続はありうるのに対し、「*か-ぞ」「*わ-ぞ」という接続は文法的にありえません。また、「か-よ」「わ-よ」の順序を逆にした「*よ-か」「*よ-わ」という接続はあり

えません。

（24）　そんなことある ｛*かぞ／かよ／*よか｝。

（25）　行く ｛*わぞ／わよ／*よわ｝。

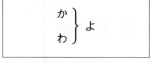

図1　「か」「わ」「よ」の接続関係

　つまり、「よ」と「か」「わ」の間には図1のような接続関係
があるのに対し、「ぞ」にはそのような接続がないことになりま
す。このように複数の終助詞を比較することで、それぞれの接続関係が整理できます。

■ 発展問題5：富山方言の終助詞「ちゃ」

　次に挙げるのは井上（1995, 2017）から引用した富山県井波方言の終助詞「ちゃ」の例文です。
「ちゃ」には「よ」という標準語訳が与えられていますが、この方言の「ちゃ」と標準語の「よ」
の文法的特徴は同じでしょうか。文のタイプとの関わり、終助詞の接続関係という観点から、
この方言の「ちゃ」は標準語の終助詞「よ」とどこが似ていてどこが違うか論じましょう。

（26）　（聞き手を安心させようとして）
　　　　こんくらい、どもないちゃ。"これくらい大丈夫だよ。"

（27）　（「あなた、どうしたんですか？」と聞かれて）
　　　　めーにゴミ入ったがやちゃ。"目にゴミが入ったんですよ。"

（28）＊なんしとんがやちゃ。"何やってるんだよ。"

（29）＊はよ行こうちゃ。"早く行こうよ。"

（30）＊はよ起きちゃ。"早く起きろよ。"

（31）　ほんまやちゃねー。"本当だよねえ。"

第13課 ▶ 待遇表現

　待遇表現は、話し手が文中の要素や聞き手をどのように扱うか（待遇するか）ということを表します。述語に現れる待遇表現には、接辞を使う**敬語・親愛語・卑語（軽卑語・卑罵語）**や、「です／ます」、終助詞などを使う**丁寧語**があります。例えば「○○が<u>いらっしゃった／いた／いやがった</u>」という文で、主語が「お客様」なら「いらっしゃった／いた」を使いますが、主語が「ゴキブリ」なら「いやがった」と言いたくなります。また、友達が「あなたはいつい<u>らっしゃった</u>の？」と聞いてきたら、その友達が自分と距離をとろうとしていると感じるはずです。これらの例から、話し手が主語の人物をどう扱うかということが、述語の形を決めているということがわかります。ここでは、この待遇表現について考えてみましょう。

尊敬語・謙譲語

■ 基本問題1

　皆さんが知っている「敬語（敬う表現）」「卑語（見下げる表現）」を集めてみましょう。例にならって表の空欄に入る語形をできるだけ多く挙げてください。動詞を「言う」以外にしてもかまいません。

（A）尊敬語グループ　先生が 言う	（B）謙譲語グループ　私が 言う	（C）卑罵語グループ　あの野郎が 言う
（例）おっしゃる、など	（例）申し上げる、など	（例）ぬかしやがる、など

　標準語では表1のような**尊敬語・謙譲語**があります。語彙的敬語欄の（　）内には対応する非敬語の動詞を示しました。

表1　標準語の尊敬語・謙譲語（Vは動詞を表す）

	尊敬語	謙譲語
語彙的 （特定形）	いらっしゃる（行く／来る／居る）、おっしゃる（言う）、なさる（する）、召し上がる（食べる）、くださる（くれる）、みえる（来る）、ご覧になる（みる）、お休みになる（寝る）など	うかがう（訪問する／尋ねる／聞く）、申し上げる（言う）、差し上げる（やる／あげる）、存じ上げる（知る）、お目にかかる（会う）、ご覧に入れる（みせる）、拝｛読／見／聴／借｝する、など
文法的 （一般形）	お／ご-V-になる、（お／ご）-V-なさる、V-（ら）れる、など	お／ご-V-する、お／ご-V-申し上げる、V-ていただく、など

　全国の方言に目を向けると、次ページの図1のような尊敬語形式があります。図は『方言文法全国地図　第6集』271図（国立国語研究所 2006）のデータを使って描かれたもので、1900～1920年頃に生まれた人に「土地の目上の人に向かって非常に丁寧に「ひと月に何通手紙を書きますか」と聞くとき」の「書きます」の部分をどのように言うか、と聞いた結果を地図化しています。図では「書かれますか」に相当する「尊敬＋丁寧」という回答の、尊敬語相当形式に注目して分類しています。図から全国にさまざまな尊敬語形式があること、特に西日本で尊敬語形式の分布が密で、形式の種類も多いことがわかります。

素材敬語・対者敬語

■ 基本問題2

　次の文では「いらっしゃる」（尊敬語）と「ます」（丁寧語）という2種類の敬語形式が使われています。この2形式は待遇の対象（敬意の向かう先）が違います。それぞれの待遇の対象は話し相手か文の主語か、下の例の＃（その文脈で使うと不適切であることを表す）記号の有無をもとに考えてみましょう。

　　（1）〔アルバイトの一人が店長に対して〕

　　　　a. そちらに先ほどのお客様は　｛　いらっしゃいますか／＃いますか｝？

　　　　b. そちらにヒロシ（友達）は　　｛＃いらっしゃいますか／　いますか｝？

　　（2）〔アルバイトの一人が別のアルバイトの人に対して〕

　　　　a. そっちにさっきのお客様は　｛　いらっしゃる／＃いる｝？

　　　　b. そっちにヒロシ（友達）は　　｛＃いらっしゃる／　いる｝？

　　（3）a.〔ゼミの先生に対して〕ゴキブリ　｛　います／＃いる｝か？

　　　　b.〔親しい友達に対して〕ゴキブリ　｛＃います／　いる｝か？

図1 「書きますか」の全国分布（大西 2006: 77）

「いらっしゃる」の待遇の対象は？	「ます」の待遇の対象は？

　107ページの例文はいずれもaとbがペアになっています。（1a）と（1b）、（2a）と（2b）は、それぞれ話し相手が同じで、文の主語が異なります。一方（3）は文の主語が同じで、話し相手が異なります。これらの文の「いらっしゃる」と「いる」の適切性、そして「ます」の有無を整理すると、表2のようになります。表では話し相手と文の主語を「目上」か「目上でない」かの2つに分けてあります。

表2　「いらっしゃる」と「ます」の適切性

例文	話し相手	文の主語	適切な表現	いらっしゃる	ます
（1a）	目上	目上	いらっしゃいますか？	使う	使う
（1b）	目上	非目上	いますか？		使う
（2a）	非目上	目上	いらっしゃる？	使う	
（2b）	非目上	非目上	いる？		
（3a）	目上	非目上	いますか？		使う
（3b）	非目上	非目上	いるか？		

　まず「いらっしゃる」について考えてみましょう。表2によると、「いらっしゃる」は文の主語が目上の場合に使われ、非目上なら使われません。また（1）（2）から、この使い分けに話し相手が目上かどうかは関わらないことがわかります。つまり、「いらっしゃる」はいわゆる主語に対する待遇を示しているといえます。このような主語という文の素材に対する待遇のしかたを**素材待遇**と呼びます。

　次に「ます」について考えてみましょう。表2から「ます」の現れかたと主語とは無関係で、むしろ話し相手のほうが重要だとわかります。話し相手が目上の場合に「ます」が使われ、逆に話し相手が非目上の場合に「ます」を使うと不適切になります。つまり「ます」は話し相手に対する待遇を表しているわけです。このような待遇のしかたを**対者待遇**と呼びます。対者待遇を表す形式には**丁寧語**（です・ます）や終助詞などがあります。

　なお、次の例のように、素材待遇形式は話し相手に対しても使えます。

　（4）a.〔事務の人に対して〕　先生は明日いらっしゃいますか？
　　　　b.〔先生に対して〕　　　先生は明日いらっしゃいますか？

（4a）はその場にいない第三者である「先生」に対して素材待遇形式を使う**第三者待遇用法**です。一方、（4b）は文の主語と話し相手が同じ「先生」です。つまり、素材待遇形式が話し相手を待遇するよ

$$\begin{cases} \text{素材待遇} \begin{cases} \text{第三者待遇用法} \\ \text{話し相手待遇用法} \end{cases} \\ \text{対者待遇} \end{cases}$$

うに用いられているのです。このような素材待遇形式の用いかたを**話し相手待遇用法**と呼びます。上の「いらっしゃる」のように標準語の尊敬語形式は第三者待遇用法・話し相手待遇用法の両方で使えますが、方言によっては素材待遇形式が話し相手待遇用法で用いにくいこともあります。例えば宮治（1985）は滋賀県甲賀市水口町八田方言の待遇表現の使い分けを調査した結果、調査者に対して「近所のAさんは明日旅行に行く」と言う場合は「行かはる・行かる・行っきょる」のような素材待遇形式が使われるが、近所のAさんに向かって直接「どこに行くのか」と聞く場合は「行くか・行くのえ」など、素材待遇形式がほとんど使われないことを指摘しました。またこの傾向は程度の差があるものの、京都や大阪でもみられることがわかっています（宮治1987）。

■ 発展問題1：聞き手に敬意を表す手段

　図2は図1のデータから尊敬語がない回答（図1の凡例の∨と｜）だけを抽出して、対者待遇形式の全国分布を示したものです。つまり「尊敬語を使わない地域ではどのようにして話し相手に対する敬意を表すか」ということを調べているわけです。この図からわかることは何か考えてみましょう。

動作・状態の主体への待遇 vs. 動作の向かう先への待遇

■ 基本問題3

　次の文の「おっしゃった」（尊敬語）／「申し上げた」（謙譲語Ⅰ）／「言いやがった」（卑語）はすべて動詞「言う」の素材待遇形式です。それぞれ文中のどの名詞句を待遇しているでしょうか。次の例文の適切性を参考にして考えてみましょう。「謙譲語Ⅰ」については後で説明しますが、その定義を知らなくても考えられるはずです。

- （5）a.｛　先生／#私｝が 事務の人に おっしゃった。
- 　　 b.｛　先生／#私｝が 弟に　　 おっしゃった。
- （6）a.｛#先生／　私｝が 事務の人に 申し上げた。
- 　　 b.｛#先生／#私｝が 弟に　　 申し上げた。
- 　　 c.｛#先生／　私｝が 先生に　 申し上げた。
- （7）a.｛#先生／　弟｝が 事務の人に 言いやがった。
- 　　 b.｛#先生／　弟｝が 私に　　 言いやがった。

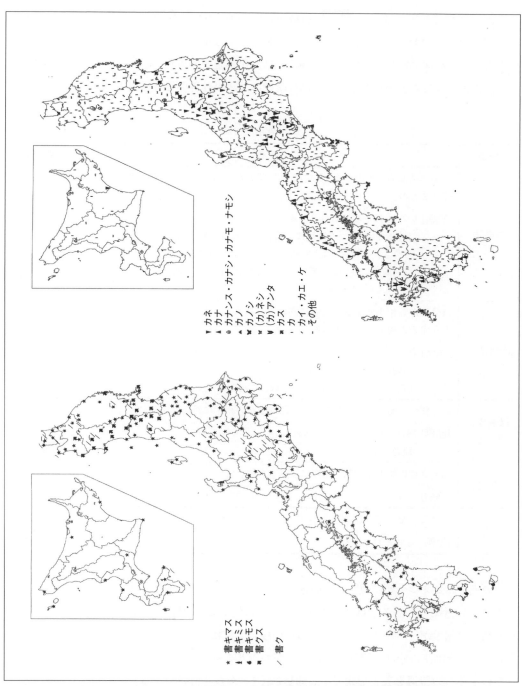

図2 「書き<u>ますか</u>」回答データの丁寧接辞（左図）と終助詞（右図）（国立国語研究所 2005: 99–100）

先に結論を言うと、「おっしゃる」（尊敬語）と「言いやがる」（卑語）は動作・状態の主体への待遇を表すのに対して、「申し上げる」（謙譲語Ⅰ）は動作の向かう先への待遇を表します。参考として『敬語の指針』（平成19年2月2日文化審議会答申）から、敬語の分類と定義を挙げておきます。この5分類は小学校〜高等学校の国語の教科書でも採用されています。

表3　敬語の5分類

分類	定義	待遇の性質
尊敬語	相手側又は第三者の行為・ものごと・状態などについて、その人物を立てて述べるもの。 [語例] いらっしゃる、おっしゃる、なさる、召し上がる 　　　　お使いになる、ご利用になる、読まれる、始められる 　　　　お導き、ご出席、（立てるべき人物からの）ご説明 　　　　お名前、ご住所、（立てるべき人物からの）お手紙 　　　　お忙しい、ご立派	素材待遇
謙譲語Ⅰ	自分側から相手側又は第三者に向かう行為・ものごとなどについて、その向かう先の人物を立てて述べるもの。 [語例] 伺う、申し上げる、お目にかかる、差し上げる 　　　　お届けする、ご案内する 　　　　（立てるべき人物への）お手紙、ご説明	
謙譲語Ⅱ （丁重語）	自分側の行為・ものごとなどを、話や文章の相手に対して丁重に述べるもの。 [語例] 参る、申す、いたす、おる 　　　　拙著、小社	対者待遇
丁寧語	話や文章の相手に対して丁寧に述べるもの。 [語例] です、ます	
美化語	ものごとを、美化して述べるもの。 [語例] お酒、お料理	品格保持

　この表をふまえつつ順に説明していきます。

　まず（5）「おっしゃる」は「先生が」のときに使えて、「私が」のときには使えません。そして動作の相手が「事務の人／弟」どちらの場合でも使えることから、「○○に」（動作の向かう先）の部分は使い分けに関与しないことがわかります。このように「おっしゃる」は動作・状態の主体への待遇を表す形式です。同様に（7）から「言いやがる」も動作・状態の主体に対する待遇を表す形式だとわかります。ただし「言いやがる」は使い分けの条件が「おっしゃる」と反対で、「先生が」のときに使えず「弟が」のときに使えます。つまり動作・状態の主体に「マイナス待遇」を付与する形式というわけです（西尾2005）。

　一方、「申し上げる」は「○○に」という動作の向かう先の部分が使い分けに関わります。

（6a）（6c）のように「事務の人に／先生に」の場合は使え、（6b）のように「弟に」の場合は使えません。このように「申し上げる」は動作の向かう先への待遇を表す形式です。なお（6a）（6c）からわかるとおり、謙譲語Ⅰは動作の主体が1人称（あるいは1人称側に属する人物など）でなければならないという制約もあります。

▆ 発展問題2：素材（待遇の対象）探し

次の文の「いらっしゃる」（尊敬語）、「いただく」（謙譲語Ⅰ）は、それぞれ誰（どの素材）を待遇しているか、考えてみましょう。そのうえで、（10）「説明させていただく」の待遇の対象は誰か（そもそも待遇の対象があるのか）、考えてみましょう。

（8）　先生にはお子さんが3人いらっしゃる。

（9）　息子が結構なものをいただいたようで、すみません…。

（10）〔3年生が新入生に〕学科について私から説明させていただきます。

▆ 発展問題3：大阪方言の「はる」と「よる」

次の（11）は大阪方言の「はる」と「よる」が「主体が誰の場合に使えるか」を示したものです。（12）は（11）の「○○が」の部分を「先生」に固定して、状況をいろいろと変えてみたものです。これらをもとにして大阪方言の「はる」と「よる」がどんな意味を持つのか、考えてみましょう。

（11）〔自分の母親に向かって〕

　　　a. 知事が　　　　｜ 行かはる／ #行く／ #行きよる｜。

　　　b. 先生が　　　　｜ 行かはる／ 行く／ 行きよる｜。

　　　c. 自分の父親が　｜?行かはる／ 行く／ 行きよる｜。

　　　d. あの野郎が　　｜#行かはる／ 行く／ 行きよる｜。

　　　e. 薄汚い犬が　　｜#行かはる／ 行く／ 行きよる｜。

（12）a.〔先生を尊敬している場合〕

　　　　　先生、オリンピック｜ 行かはった／ ?行った／ #行きよった｜。すごい！ステキ！

　　　b.〔先生を嫌っている場合〕

　　　　　先生、オリンピック｜#行かはった／ 行った／ 行きよった｜。くそぉ、腹立つなぁ。

　　　c.〔驚いて友達に報告する場合；先生に対する好き嫌いの感情はない〕

　　　　　先生、オリンピック｜ 行かはった／ 行った／ 行きよった｜。びっくりやわぁ！

第 **14** 課 ▸ | # 語　彙

語について考える

　ここまで、文というものが成り立つしくみとして、文法について考えてきました。しかし、文のしくみを知っているだけでことばが使えるわけではありません。私たちは文のしくみに具体的な語を当てはめることで実際の文を作っています。英語や中国語を学ぶとき、文法を知っていても語を知らないと話せるようにならないのと同じで、方言でも語について知る必要があります。

　例えば、標準語の「ばか」にあたる語として関西方言に「あほ」があることはよく知られていますが、「ばか」と「あほ」の意味は少し違います。標準語では人を軽くみることを「人をばかにする」と言いますが、関西方言で同じことを「人をあほにする」とは言いません。そういうときは関西方言でも「ばかにする」と言います。同じように、「ばかもん」という言いかたはあっても「あほもん」はありませんし、逆に、「ばかんだら」はありませんが「あほんだら」はあります。このように、似たような語でも方言によって特徴が異なることがあります。

　それに、同じ関西方言でも「あほ」のほかに「まぬけ」「ぼけ」「かす」など別の語が使われることがあります。これらの語は「あほ」とどのように違うのでしょうか？　方言にどのような語があり、それぞれの語がどのような特徴を持つのか把握することは重要です。

■ 基本問題 1

　皆さんは「ばか」に似た意味の語としてほかにどのような語を知っていますか？　「あほ」「まぬけ」などたくさん挙げてみましょう。そして、そのうちの 1 つの語に注目して「ばか」との違いを考えましょう。国語辞典の「ばか」の項目を参照して意味や例文を確かめ、それがほかの語にも当てはまるか考えるとヒントになります。

(空欄)

語と語彙

　語や形態素は形式と意味の両面から成り立ちます。例えば「ばか」なら /baka/ という音素の連続が語の形式で、これを語形といいます。/baka/ という語形が表す"愚かな人やものごと"という内容が意味です。この課では、語形を音素表記 / /、語の意味を" "で表し、その両方から成り立つ語を「　」で表すことにします。

　語の集合のことを**語彙**といいます。例えば、英語で使われる語の集合を「英語の語彙」、野球に関する語の集合（野球用語）を「野球に関する語彙」などといいます。語彙をまとめて語ごとに語形と意味を説明したものが**辞書**です。方言の語彙調査でも、最終的な目標になるのは辞書の作成です。

　方言の語彙として多くの人が思いつくのは、「標準語の /baka/ を関西方言で /aho/ と言う」など、標準語と語形が異なる語かもしれません。あるいは、「/nageru/ は北海道・東北の方言で"捨てる"の意味も表す」など、標準語と意味が異なる語かもしれません。全国各地にある方言辞典も、標準語と異なる、その方言特有の語を集めたものが多いようです。

　しかし、方言の語には標準語と語形も意味も共通するものが数多くあります。例えば、"雨"を表す語は、アクセントなど多少の音の違いはありますが、全国のほほどの方言でも /ame/ に近い語形を持ちます。そのような標準語と共通する語も収録するのが理想的な方言辞典です。そうしなければ、「雨が降ってきた。」のような文をその方言でどう言うのかわかりません。標準語と共通する語も含めることで、その方言の語彙の全体像を捉えたことになります。

■ 基本問題 2

　インターネットで「○○方言　辞典」などと検索すると、その方言の語彙を集めたページがみつかることがあります。ですが、そのようなページに載っている語だけで、その方言の会話をすることができるでしょうか。考えてみましょう。

基礎語彙

　ある言語や方言でよく使う基礎的な語彙のことを**基礎語彙**といいます。どのような方言でも語は無数にありますが、その全体像を知るには基礎的な語彙から重点的に調査をおこない、記録する必要があります。

　日本の消滅の危機に瀕した言語・方言を紹介する国立国語研究所の「危機言語データベース」（https://kikigengo.ninjal.ac.jp）では、例えば人体に関する基礎語彙として“目”“鼻”“耳”“口”などを指す各地の方言語彙が挙がっています。これらの語彙は多くの方言で優先的に記録すべき基礎語彙です。調査のときは、このような他方言の事例を参考に基礎語彙を集めます。方言によっては基礎語彙の多くが標準語と共通しますが、その方言の語彙の全体像を把握するためには、標準語と共通する語彙も記録しなければなりません。

　どの語彙を基礎語彙とみなすかは、方言ごと、研究者ごとにいくらか違いがあります。例えば、海に近い地域の方言を調査する場合は海の魚や漁に関する語が基礎語彙に含まれるでしょうが、山間部の方言の場合は含まないでしょう。

　語彙を集めるとき、語形と意味を確認するのは必須ですが、あわせて辞書に載せる例文も集めたほうがよいです。可能なら、語や例文を読み上げた音声も録音しましょう。形容詞や動詞の場合、活用形も確認するとよいです。それらの情報があると、語の特徴をより詳しく記録できますし、音声や文法の分析にも役立ちます。

■ 基本問題3

　皆さんの方言には次の意味を表す語として、どのようなものがありますか？　語形と例文を示しましょう（語形は第3課を参考に音素表記しましょう。方言特有の音素がある場合はそれぞれに工夫して表記しましょう）。複数の語を挙げてもよいです。語形と例文のほかに特記すべきことがあれば補足を書きましょう。お年寄りに尋ねると方言特有の語が回答される場合もあります。

（1）“舌”　　（2）“塩辛い”　　（3）“片づける”　　（4）“とても”

（1）	（2）
（3）	（4）

使用語と理解語

ここまで、ある言語や方言で使われる語全体として語彙を捉えてきましたが、一個人に注目した場合、「お年寄りは使うけれど若い自分は使わない」「男性は使うけれど女性の自分は使わない」という語もあります。例えば、古い方言はお年寄りしか使いませんし、「俺」「私」などの1人称代名詞の使用には男女差があるかもしれません。ある個人が使用する語を**使用語**、使用するかに関わらず理解できる語を**理解語**といいます。語彙調査で得られた語がその人にとって理解語ではあっても使用語ではないことがあります。その場合、本人以外のどのような話者が使うかを確認するとよいでしょう。

■ 基本問題 4

身の周りで使われる語のうち、自分にとって理解語ではあっても使用語ではない語を3つ挙げましょう。そして、その語を使うのはどのような人か説明しましょう。方言特有の語でなくとも、つまり、標準語と共通する語でもかまいません。

語彙の体系性

方言でも標準語でも、語はそれぞれがばらばらに存在するのではなく、意味的な体系性を持っています。例えば、「りんご」「桃」「ぶどう」「梨」などの語に対して、その上位概念の

「果物」という語があります。この場合、「果物」は上位語、「りんご」「桃」などは下位語といいます。例えば雪国の方言では「雪」の下位語が多いかもしれません。太宰治の小説『津軽』の冒頭では「こな雪」「つぶ雪」「わた雪」「みづ雪」「かた雪」「ざらめ雪」「こほり雪」の7つの語が挙がっています。

■ 基本問題5

　小中学校で習ったように、反対の意味を持つ語を対義語、似た意味を持つ語を類義語といいます。「兄」の対義語を2つ挙げ、なぜ「兄」の対義語が2つあるか説明しましょう。そのうえで「妹」は「兄」の対義語といえるか説明しましょう。また、「兄」の類義語を3つ挙げ、「兄」との意味の違いについて説明しましょう。

対義語

類義語

　語彙の体系性は対義語、類義語の関係性からも整理できます。対義語とは、ある1点において反対の意味を持つ語のことです。「兄」は"同じ親から生まれた年上の男性"という意味を持ちます。このうち"年上か年下か"という点で反対なのが「弟」、"男性か女性か"という点で反対なのが「姉」です。反対の関係が成り立つポイントが2つあるので「兄」には「弟」「姉」の2つの対義語があります。「妹」は年齢と性別の2つの点で反対の意味を持つので、

「兄」の典型的な対義語とはいえません。反対の意味には、「東／西」のように質的に逆であるもの、「長い／短い」のように程度が違うもの、「売る／買う」のように動作の視点が逆のものがあります。

一方、似た意味を持つ語を類義語といいます。「兄」の類義語には「お兄さん」「兄貴」「にいちゃん」「あんちゃん」などがあります。類義語は似た意味を持ちますが、それぞれ少しずつ意味が違います。その違いに気をつけると、それぞれの語の特徴がより緻密に捉えられます。この課の基本問題1では標準語の「ばか」にあたる類義語を比較して、それぞれの語の特徴を考えました。

なお、何をもって意味が似ているとみなすかには客観的な基準を設けにくいので、類義語を厳密に定義することはできません。例えば、「ばか」と「あほ」が類義語といえるかどうかを厳密に考えても結論は出ません。それより、2つの語の共通点と相違点を具体的に整理することが語彙の記述では重要です。

類義語の中には**語種**の違いによって意味が少し異なるものがあります。語種とは語の出自を表す概念で、日本語に固有の和語、中国語由来の漢字にもとづいて生まれた漢語、英語などそのほかの言語に由来する外来語の3種類、および複数の語種の混交による混種語があります。例えば、「お手洗い」は和語、「便所」は漢語、「トイレ」は外来語で、語種が違うとその語からイメージされる意味も少し変わります。「公衆トイレ」は漢語と外来語からなる混種語です。

年配の人に語彙調査をすると、若い人なら外来語で回答しそうな場合に和語、漢語で回答をする場合があります。例えば、「スプーン」「ノート」を「さじ」「帳面」などと回答する場合です。外来語は日本社会の近代化にともなって使用が増えた語彙だといえます。

語の地理的分布

次ページに挙げたのは"ばか"を表す語の全国的な分布です。このように複数地点の方言の語や音声、文法的特徴などを地図化したものを**言語地図**といいます。

現代では新しい語がインターネットなどで瞬時に全国に伝わりますが、近代以前の日本では、語は生身の人間の交流によって少しずつ遠くへ広まるものでした。ですから、言語地図に示された地理的分布から語の歴史的変遷がわかることがあります。例えば、"ばか"の言語地図では、●の記号の「あほ」が関西に分布する一方、▲の記号の「ばか」は東日本の広い地域と九州を中心とした地域の2つに分かれて分布しています。このような場合、「▲ばか」が各地に広まった後に「●あほ」が新たに関西で生まれて広まったために「▲ばか」の分布が分断されたと解釈されます。

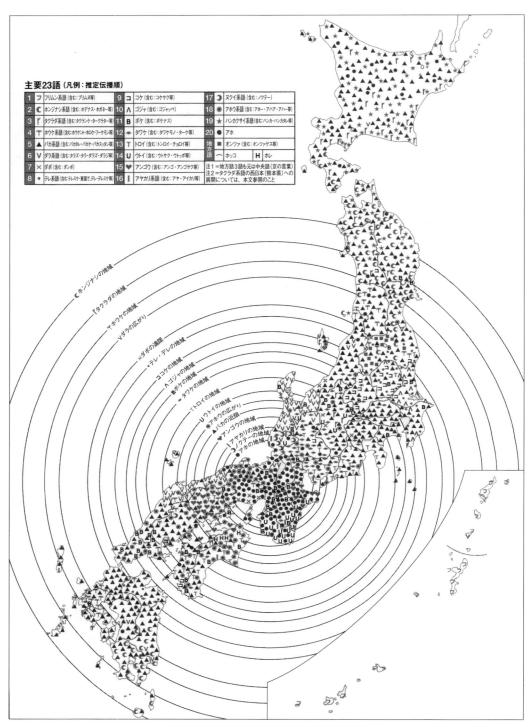

図1 "ばか"を表す語の全国分布（松本 1996）
（注2の「本文」とは松本（1996）を指します）

120

このように「Ａ／Ｂ／Ａ」という形でＡという語の分布がＢという別の語によって分断された地理的分布を周圏分布（ABA分布）といい、この場合、ＡはＢより古い語と解釈されます。日本では歴史的に京都が文化の中心という時代が長く続いたため、一部の語について、新しい語が京都を中心に全国に広まったと解釈されることがあります。京都から遠い地域の方言ほど古い語が、近い地域の方言ほど新しい語が分布するという考えかたを**方言周圏論**といいます。語彙だけでなく、文法的特徴の分布を周圏分布と解釈することもあります。例えば、古典語の係り結びという文法現象は、現代日本語の多くの方言で失われていますが、京都から遠く離れた八丈島と琉球列島の方言には残っています。

■ 発展問題１：周圏分布を解釈する

　図１には「あほ」「ばか」以外にもさまざまな"ばか"を表す語の分布が示されています。この図から、「あほ」より古く「ばか」よりも新しく生まれたと考えられる語を１つ選び、なぜそう考えられるか、本書を読んでいない人にもわかるように説明しましょう。

言語変化

言語変化はことばの「乱れ」か？

■ 基本問題1

日本語が変化することが、よくことばの「乱れ」としてとりあげられることがあります。皆さんは、日本語が変化することに対してどのような印象を持っていますか？ 具体例も挙げながら、思いつくことを話し合ってみましょう。

言語変化を引き起こす要因

さて、言語が変化することに対して、あまり好ましく思わない人が一定数いるようです。例えば、大学の授業で「食べれる」「みれる」などのラ抜きことばの話をすると、「正しい日本語（＝非ラ抜きことば）を使うようにしたい」などの感想が聞かれ、変化した後の姿について否定的な意見があることがわかります。当然方言にも言語変化はみられるのですが、人によってさまざまな変化に対してさまざまな感情を持つことがあるでしょう。そのような感情はいったん切り離して考えて、ありのままの変化を観察し、その要因について考える言語変化研究は、最も重要なトピックの1つであるといえます。方言が変化するというのは、これまで絶えず起こってきたことであり、相当な数の研究が蓄積されてきています。言語変化研究がおこなえ

る前提として、これまでの課で述べてきたような記述的な研究があることが重要になります。

　方言の変化は、それを引き起こす要因が方言の外にあるのか、それとも内にあるのかによって大別できます。要因が外にある場合の変化を**外的変化**と呼びます。これは、方言が標準語や別の方言（他変種）と接触する、**方言接触**により引き起こされるものです。例えば方言固有の語彙が標準語のものに置き換わっていくというのは想像しやすい方言接触の一例でしょう。一方、特に他変種との接触が想定されず、要因が方言内にあることによりもたらされるものを**内的変化**と呼びます。これは、後述するラ抜きことばのように、ときに長い時間をかけて新しい体系へと進もうとする変化です。

　外的変化なのか内的変化なのかをはっきりと区別するのが困難な場合もありますが、ここではそれぞれの事例について紹介していきたいと思います。

■ 基本問題2

　方言接触が起こると、以下のような再編成が起こると考えられています（徳川 1978）。

- （A）　取り替え：Aという在来の形式が分布している地域に、Bという新しい形式が入ってきて、Aに取って代わる。
- （B）　混交：Aという語形の一部とBという語形の一部が混ざりあう。
- （C）　第三の形式の導入：在来のAという形式も、新しいBという形式も使用せず、別のCという形式を導入する。
- （D）　棲み分け：在来のAという形式も、新しいBという形式も両方使用し、共存させる。

このほか、接触が起こっても「何も変化が起こらない」ということもありえます。それでは、以下の（1）～（4）の現象は、上の（A）～（D）のどれにあたるでしょうか？

- （1）　"捨てる"を表す「なげる」の分布域と「うっちゃる」の分布域の接触するところで、「すてる」という言いかたをするようになる。　＿＿＿＿＿
- （2）　"きのこ"を表す「くさびら」という古い言いかたが毒きのこの意味に縮小し、新しく入ってきた「たけ」がきのこ類一般を表すようになる。　＿＿＿＿＿
- （3）　"つむじ"を表す「つじ」という古い言いかたがなくなり、新しく入ってきた「ぎり」が使われるようになる。　＿＿＿＿＿
- （4）　"塩辛い"を表す「からい」の分布域と「しょっぱい」の分布域の接触するところで、「しょっぱらい」という言いかたをするようになる。　＿＿＿＿＿

事例研究1：関西若年層方言の「じゃない」

　方言の外的変化の事例として、標準語の「じゃない」に相当する形式が、関西若年層方言ではどうなっているのかをみてみましょう。標準語の「じゃない」には、大きく分けて確認（第

12 課参照）、推測、否定の 3 つの用法があります。

　　（5）　ほら、あそこに海がみえる<u>じゃない</u>？　　【確認】

　　（6）　ひょっとしたら、この男が犯人<u>じゃない</u>？　【推測】

　　（7）　これは私の傘<u>じゃない</u>。　　　　　　　　【否定】

　高木（2006）によると、関西若年層方言では（5）～（7）は以下のように言うことが多いようです。

　　（8）　ほら、あそこに海がみえる<u>やん（か）</u>？　　【確認】

　　（9）　ひょっとしたら、この男が犯人<u>ちゃう（か）</u>？【推測】

　　（10）　これは私の傘<u>じゃない</u>。　　　　　　　　【否定】

　高木（2006）は、否定を表し、関西若年層方言で使用されている「じゃない」は標準語からもたらされた形式であり、在来の「やん」「ちゃう」という形式と棲み分けがみられるとしています。伝統方言では、「ちゃう」や「やない」という形式が否定を担っていたようです。

表1　関西若年層方言の「ではない（か）」相当形式の用法

用法	確認	推測	否定
形式	やん	ちゃう	じゃない

　このように、関西若年層方言では標準語からもたらされた「じゃない」が否定の用法を担い、「やん」「ちゃう」とともに新たな体系を作り出していることがわかります。

▌事例研究2 ：ラ抜きことば

　さて、冒頭でも触れたラ抜きことばについて、内的変化という観点から詳しく掘り下げてみましょう。

　ラ抜きことばとは、母音語幹動詞「みる」や「食べる」などの可能形が、「みられる」や「食べられる」ではなく、「みれる」や「食べれる」のようにラが抜けていることを指します。これを第 3 課で学んだ音素表記を用い、通時的な変化であると考え形態分析してみると、以下のようになります。

　　（11）　mi-<u>rare</u>-ru　→　mi-<u>re</u>-ru　　tabe-<u>rare</u>-ru　→　tabe-<u>re</u>-ru

　これだけをみると、可能の意味を表す接辞が、rare から re へと変化しただけのようにみえます（つまり ra 抜き）。本書では通時的な観点、歴史的な観点をあまり取り入れてきませんでしたが、ここで子音語幹動詞に起こった変化についてもみておきましょう。すると、さらに大きな言語変化として捉えることができます。

　子音語幹動詞、例えば「行く」や「読む」などを可能の形にするにはどうすればいいでしょうか？標準語では、誰もが「行ける」や「読める」と答えるはずです。このような子音語幹

動詞の可能の形を可能動詞と呼びますが、これは江戸時代以降に広がったもので、それ以前は「行かれる」や「読まれる」などと言っていました。九州高年層方言などではいまだによく使用される形ですし、特に「行かれません」は道路の案内などで全国的にみかけることもあります。「行かれる」から「行ける」、「読まれる」から「読める」への変化は、以下のように分析できます。

　　　(12)　ik-<u>are</u>-ru　→　ik-<u>e</u>-ru　　jom-<u>are</u>-ru　→　jom-<u>e</u>-ru

　子音語幹動詞では、are から e への変化が起こったことになります。母音語幹動詞の rare から re への変化は大正時代以降に起こった変化ですので、子音語幹動詞の接辞の変化を追いかけるように変化が起こったことになります。これらの接辞をまとめると、(r)are が (r)e に変化したということですから、決して「乱れた」のではなく、むしろ体系を綺麗に整えようとした（子音語幹動詞と母音語幹動詞に使われる接辞を統一した）内的変化であるといえます（変化には地域差がありますので、これが遅れた地域は、別の地域から取り入れた外的変化である可能性もあります）。意味的な面からみると、もともと (r)are が担っていた「可能」と「受身」を形で区別しようとした変化であるといえます（「可能」は (r)e、「受身」は (r)are）。

表2　ラ抜きことばの変化

	古い形	新しい形
子音語幹動詞	ik-**are**-ru jom-**are**-ru	ik-e-ru jom-e-ru
母音語幹動詞	mi-**rare**-ru tabe-**rare**-ru	mi-**re**-ru tabe-**re**-ru

　さらに、ラ抜きことばは母音語幹動詞が子音語幹動詞の体系に近づいていく変化ですから、その動機などは違えど、第9課でとりあげた九州方言の「ラ行五段化」と似た変化だと考えることもできます。

■ 基本問題3
　ラ抜きことばの起こりやすさは、動詞の拍数や、上一段／下一段動詞などの制約条件によって違っているようです。また、方言差や個人差が大きいことも知られています。以下の動詞の可能の形を内省してみて、家族や友人などとどういう違いがあるか話し合ってみましょう。ラ抜きと非ラ抜きの両方を使う場合もあるかもしれません。

動詞	寝る	食べる	並べる	考える	押し開ける	座ってる
可能						

言語バリエーションを整理する

　言語変化を捉える1つの方法として、言語バリエーションを整理するという方法があります。これは、言語変化は一時点においてはバリエーションとなって顕在化するという変異理論と呼ばれる立場に立った方法です。簡単に言うと、バリエーションが「ある」＝言語変化が進行中、バリエーションが「ない」＝言語変化が起こっていない、または完了している、と考えるわけです。先に述べたラ抜きことばを例にすると、「食べられる」と「食べれる」というバリエーションの関係にある語形が共存している状態が進行中の言語変化を表し、仮にこれが「食べれる」に一本化されると、バリエーションがなく、言語変化は完了したことになります。進行中の変化に対しては、どのような形式がどの程度用いられているのか、その割合を詳しくみることで、言語変化がどの程度進行しているのかを計量的に観察することができます。

方言における文法化

　文法化（grammaticalization）とは、語彙的な要素が文法的な要素へと変化することをいいます。世界のさまざまな言語で文法化の事象が報告されていますが、ここでは東北方言の格助詞サについてみてみることにします。

　吉幾三の歌った「俺ら東京さ行ぐだ」という有名な曲があります。小林（1997）によると、この格助詞サはもともとは文法的要素（拘束的な要素）ではなく、"方向"という意味の「さま」という語彙的要素（自立的な要素）が文法的要素へと変化したものであると考えられています。『枕草子』にも、「北の陣さまに歩み行く」（北の陣のほうに歩いて行く）という例があります。この「さま」が「さ」と短くなって、現在の東北方言では格助詞として使われているわけです。日高（2005）によると、地域によっては「東の方サ行く」（方向）、「東京駅サ行く」（着点）のような移動性が関与する用法だけでなく、「仕事サ行く」（移動の目的）、「今日は一日中家サいる」（存在の場所）のように、移動性が関わらないものにまで用法が拡張されているようです。

　なお、サの文法化は東北から遠く離れた九州でも観察することができます。筆者が福岡で通った自動車学校の教官は、「はい、右サイ曲がるよ。次、左サイ曲がるよ。」と言っていました（サイに気をとられ、まったく運転に集中できませんでした）。九州方言では形式のバリエーションがあり、サン、サメー、サミャーなどの形式も観察されますが、用法は東北方言に比べて大変狭く、方向しか表すことができません（「東サイ行く」は言えるが、「＊東京サイ着いた」は言えない）。よって、九州方言では用法の拡張が起こらなかったことになります。こうして方言間で用法の違いをくらべることで、文法化、言語変化の進みかたを観察することができます。

■ 発展問題 1：秋田方言の「どご」

　秋田方言には目的語を表す「どご」という格助詞があります。語彙的要素である「こと」を語彙的資源としており、これも文法化を経た形式であるといえます。以下の表は、秋田方言の話者3人に（13）〜（16）の例文の自然さを判定してもらった結果です。○は自然と、×は不自然と判断したことを示します。これをみて、（A）、（B）、（C）の変化がどのような順番に並ぶのか、またなぜそう言えるのか考えてください（日高 2006 を一部改変して作問）。

表 3　秋田方言の「どご」の容認度

	話者 1	話者 2	話者 3
（13）太郎が次郎どごなぐった。	○	○	○
（14）この窓から遊んでいる子供どご見た。	○	○	○
（15）太郎がサッカーボールどごけとばした。	×	○	○
（16）この窓から海どご見た。	×	×	○

（A）　物理的はたらきかけの強い動作では、無生物にも「どご」が後接するようになる。

（B）　前接名詞が有生物に限定されず、目的語一般を「どご」で標示するようになる。

（C）　「どご」が有生物の目的語を表す助詞として使われるようになる。

_____ → _____ → _____

このように考えた理由

言語の変化と維持

　ここまで言語変化についてさまざまな事例をみながら考えてきましたが、最後に１つ強調しておきたいことがあります。これまで言語変化研究といえば、その名のとおり変化した要素に注目しておこなわれてきました。しかし、方言の中に数えきれないくらい多くある要素が、すべて一斉に変化しているのでしょうか？　自分自身が使用することばを内省してみると、親や祖父母世代から変わっていない要素もいくつかすぐに思い出せるのではないでしょうか？そういった要素は、言語変化を被っていない、つまり維持されているわけです（新しく発生した方言的要素である場合を除く）。東日本方言話者の使用する「べ」（「明日雨が降る<u>べ</u>」など）や、西日本方言話者の使用する否定辞「ん」（「酒は飲ま<u>ん</u>」など）は、なぜよく維持されているのでしょうか？ 本書で一貫して方言が失われつつあるということを述べてきましたが、個人差はあるものの、いまだに若年層でも現役バリバリで維持されている要素があるのはなぜでしょうか？ また、その維持の度合いはどのようになっているのでしょうか？　こういった言語変化のいわば「裏」にある維持という現象についての研究は、これまでほとんどおこなわれてきていません。変化する要素ばかりに目が行ってしまい、じっとしている要素は注目されてこなかったのです。最後に発展問題２で方言の維持について少し考えてみたいと思いますが、今後は維持にスポットライトをあてた研究がどんどん出てくることが期待されます。

■ 発展問題２：推量形式の言語変化

　東日本の方言では標準語化という言語変化が急速に進んでいますが、標準語の「だろう」に相当する方言の推量形式は若年層の会話でも耳にすることがあります。例えば、標準語の「いいだろう」に相当する推量形式として、北海道、東北、関東の方言には「いいべ」、長野県南信（県南部）、山梨県、静岡県の方言には「いいら」、愛知県三河（県東部）の方言には「いいだら（ー）」があります。

　下の表は、南関東、長野県南信・山梨県・静岡県、愛知県三河の各地域出身の大学生（それぞれ計54名、41名、9名。主として1990年代生まれ）に次の文で各地の方言形式「べ」「ら」「だら（ー）」を使うか調査したものです。

　　(17)　（朝起きて空をみて一人でつぶやく）今日は一日中天気がいい｛べ／ら／だら（ー）｝な。

　　(18)　（新しく買った服を友達に自慢する）この服、いい｛べ／ら／だら（ー）｝。

表4　各地域出身の学生による方言の推量表現の使用状況（白岩 2017 より）

	南関東出身者 （埼玉・千葉・東京・ 神奈川）		長野県南信・山梨県・ 静岡県の 出身者		愛知県三河 出身者	
調査対象の推量形式	ベ		ラ		ダラ（ー）	
調査例文	(17)	(18)	(17)	(18)	(17)	(18)
自分が言う	7	19	8	39	1	9
自分は言わないが 友達が言うのを聞く	9	17	5	0	0	0
聞いたことがない	36	18	26	2	8	0
わからない・無回答	2	0	2	0	0	0

　この調査結果をもとに、各方言の推量形式が若年層話者にどのような用法で維持されているか考えましょう。モダリティの課（第 12 課）で扱った内容を振り返りながら考えるとよいです。

方言研究の方法

方言研究を始めたい人のために

　第15課まで、日本語にみられるさまざまな現象について、特に方言の例を多く挙げながら考えてきましたが、いかがでしたでしょうか？ 自分自身の手で、方言研究を始めてみたいという気になりませんでしたか？

　言語研究の最も基本となるのは、「その言語はどのようなしくみを持っているか」をありのままに記述することです。これを記述研究といいます。言語地図を描く地理的研究、古典語からの変化を考える歴史的研究などは応用分野にあたります。本書では、基本を大事にしたいと思い、主に記述的な立場からことばのしくみを考えてきました。方言の記述研究の最大の目的は、**文法書・テキスト・辞書**の3点セットをそろえることです。ここでは、この3点セットをそろえるために必要な方言研究の方法論についてまとめています。

■ 基本問題 1

　「方言を研究する」と聞いて、具体的にはどのようなデータ収集方法が思いつきますか？ 周りの人と話し合ってみましょう。

どうやってデータを集めるか

　京都や東京（江戸）などには古い文献が残り、ある程度書きことばのデータを収集することができますが、方言は話しことばであることが基本です。とはいえこれまでの方言研究の蓄積により、話しことばを文字化した資料もいくらか存在しています。このような既存資料を利用

するというのが、方言研究の１つの方法です（大西 2008 にもまとめられていますので参考にしてください）。もう１つの方法は、新たに自分で（場合によってはほかの人と一緒に）調査をおこなうことで、これをフィールドワークといいます。方言のフィールドワーク？ 何だかかっこいい響きですよね。

既存資料を利用する

　どんな学問分野においても、資料は一次資料と二次資料に分けられます。前者は人の解釈をできるだけ加えない、生に近いデータです。後者は人の解釈が入り加工されたものであるといえます。

　方言研究の場合、まさしく一次資料らしい一次資料は、音声データでしょう。諸方言の音声データを集めており、図書館で利用しやすいものとして、日本放送協会による『全国方言資料』（1959–72 年）、国立国語研究所による『方言談話資料』（1978–87 年）と『日本のふるさとことば集成』（2001–08 年）があります。音声データにはたいていの場合文字起こしをしたもの、テキストがついています。テキスト化にあたっては表記をどうするか、会話参加者の発話の区切りをどのように表示するかといった諸問題に向き合う必要があり、人の解釈が入っている二次資料であるともいえます。文字化が不正確で人的ミスを含んでいる可能性もありますが、音声とセットで一次資料として研究に活用することができます。例えば、調べたい言語形式がテキストに出現していないか、出現しているとすれば何例あるのかといった計量的な研究を展開することができます。まだ調べたいことが決まっていない場合、その地域に調査に赴く前に談話を確認しておくことで、どのような特徴の方言であるのかを事前につかんでおくことも可能です。また、それ自体は方言研究のために用意されたものではなくても、民話、シナリオ、文学作品、古文書などに方言がみられることもあり、研究のヒントを得ることもできます。

　方言研究における二次資料としては、**言語地図**や**方言辞書**などが挙げられます。全国規模で分布が見渡せる地図としては、国立国語研究所による『日本言語地図（LAJ）』（1966–74 年）、『方言文法全国地図（GAJ）』（1989–2006 年）、『新日本言語地図（NLJ）』（2016 年）があります。ある語形がどのように分布しているのか、あるいはどのような語形が併存しているのかを確認することができます。代表的な方言辞書としては、『日本方言大辞典（上・下・別巻）』（1989年）や『現代日本語方言大辞典（１〜８・補巻）』（1992–94 年）があります。もちろん本来の辞書の機能である、語形の意味を求めるという使いかたもできるのですが、やはり地図と同様に分布や多様な形式に関する情報も豊富です。また、オンラインで利用できる辞書として、第14課でも紹介した国立国語研究所の「危機言語データベース（https://kikigengo.ninjal.ac.jp/）」や、カルリノ・サルバトーレ氏、下地理則氏の「日琉諸語オンライン辞書（https://odjl.net/）」があります（前者には談話テキストもあります）。

方言の記述を行った先行研究（書籍・論文など）も資料的な性格を持ち合わせています。それを書いた本人は意図していなくても、たまたま論文中にある例文から新たな研究テーマがみつかる可能性もあります。

■ 基本問題 2

図書館やインターネットで前述の 3 つの談話資料を調べ、自分の出身地やその周辺のテキストがあるかどうかを調べてみましょう。また、実際にどのような仕様になっているのかみてみましょう。

事例研究 1 ： コーパスを使用した方言研究

コーパスとは、実際に使用された話しことば・書きことばを、ある言語や言語変種（地域方言）の代表となるように集め、コンピュータ上で検索可能にした二次資料です（野中 2015）。これまで談話資料を用いた方言研究はおこなわれていましたが、2019 年以降は COJADS（日本語諸方言コーパス、Corpus of Japanese Dialects の下線部をとったもの）が公開されたことで、簡単に検索がかけられるコーパスを使った方言研究がスタートしました。COJADS は文化庁が 1977 〜 1985 年に行った「各地方言収集緊急調査」をもとにして作られており、その一部は前述の『日本のふるさとことば集成』として刊行されています（COJADS の紹介ページより）。このほか、ケヴィン・ヘファナン氏による関西弁コーパス（https://sites.google.com/view/kvjcorpus/ホーム/日本語?authuser=0）などもあります。コーパスを作成するのには膨大な作業量をともないますが、コーパス作成に携わる研究者をさらに奮い立たせ、方言コーパスを充実させるためにも、皆さんがどんどん利用して研究をおこなう必要があります。

新たに調査をおこなう

本書を読んで勉強してくれた皆さんにぜひ取り組んでいただきたいのが、自分自身で調査をおこなうことです。自分で調査をすると言っても、以下のようにさまざまな方法があります。

- （1） **内省調査**：研究をおこなう自分自身の方言使用を思い出し、例文を作成したりしてデータにする
- （2） **アンケート調査**：インターネットや紙媒体を使用して、多数の話者に対しアンケートを実施し、回答をデータにする
- （3） **面接調査（エリシテーション）**：事前に準備した質問項目を、基本的には話者に対面で問い、その場で思いついたことがあれば追加してデータを得る
- （4） **談話調査**：話者どうしの談話、あるいは話者の独話をレコーダで録音し、テキストを作成してデータにする

ただし、以下の表1にまとめるように、それぞれにメリットとデメリットがあります。万能な研究方法はなく、場合によってはいくつかを組み合わせて補完し、信頼できるデータを構築していきます。

表1　自分でおこなう方言調査方法とメリット／デメリット

調査方法	メリット	デメリット
内省調査	・自分自身が方言話者であれば、いつでもどこでも調査することができる ・新たなデータを思いつくたびに、仮説を何度でも修正しやすい	・自分自身のことばを客観的に観察するための訓練が必要である ・自分に都合よくデータを出してしまう可能性がある
アンケート調査	・世代差や地域差など言語外的な条件を考えたいときに適している ・インターネットを使えば、短時間で効率よく、大量の（ある程度統一された）データが手に入る ・被調査者のペースで回答しやすく、比較的負担になりにくい	・調査前にたてた仮説を検証することしかできない（新たな発見は望みにくい） ・調査実施後に誤りや追加項目が発覚しても、再度同じ人に対して調査を実施しにくい ・質問が複雑だったり長かったりすると、被調査者が適当に答えてしまう可能性がある ・あくまで意識を問うものであり、実際にそのように使用されているのかはわからない
面接調査	・自由に調査項目が設定できる ・アクセントや文法の複雑な質問が比較的しやすい ・話者との対話から新しい発見を得ることがある	・話者によっては何を問われているのかが理解しづらい（不向きな話者がいる） ・話者を時間的に拘束するので負担になりやすい ・話者によっては調査者を目の前にすることで緊張するなどし、自然な方言使用が期待できないことがある
談話調査	・最も自然な方言使用が期待できる ・調査者本人だけでなく、一次資料としてほかの研究者も使用できる（再利用が可能） ・調査者が気づかなかった形式などに気づくことがある	・話者によっては会話が続かなかったり、緊張するなどし、自然な方言使用が期待できないことがある ・テキスト化するのに多くの時間が必要であり、話者の助けが必要になることも多い ・分析対象とする言語形式がほとんど談話に出現しない場合もある ・私的な会話のため、個人情報の取り扱いに慎重になる必要がある

■ 発展問題 1：サ入れことば

　ここで、「サ入れことば」を題材に、面接調査を実際に体験してみましょう。サ入れことばとは、子音語幹動詞に「〜せていただく」を接続させる際、「行かせていただく」とせず「行かさせていただく」のように「さ」を挿入することです。このサ入れことばの使用実態を明らかにするために、調査文のセットを用意し、周りの人に対して面接調査を実施してみましょう。

危機方言と方言研究

　今後方言がこのまま衰退していくと、新たに談話を収録したり、調査をおこなうことが極めて困難になる時代がやってくるはずです。方言の衰退は止められなかったとしても、各地固有の方言の研究が終わってしまうのを防ぐためには、研究者の手で、そして皆さんの手で、少しでも多くの談話を残し、かつそれを共有しておく必要があります。後世の研究者が少しでも多く方言研究をおこなえるよう、まずは大量の談話とテキストを残しておくことが重要だと考えられます。

方言のフィールドワークに出るために

　フィールドワークをおこなうためには、話者の探しかたや録音機器・分析ツールの熟知など、さまざまな点に気を配らなくてはなりません。そのすべてを本書に詰め込むことはできませんので、最後に方言フィールドワークに出るために役立つ書籍をいくつか紹介しておきたいと思います。小林・篠崎（編）（2007）や小西他（2007）は、この課でも述べた調査方法から、データのまとめかた、方言研究者の知っておくべき研究倫理まで、丸ごと学べるようになっています。下地（2010; 2011; 2013）は書籍ではありませんが、フィールドワークや方言研究における

テキスト・辞書の重要性について簡単に書かれていますので、ぜひ目を通しておくといいでしょう。

　IT技術の進歩は方言研究とも無縁ではないため、方言研究に便利な新しいツールも使えるようになっておく必要があります。その1つが映像や音声を使いながら言語の分析ができるELANというソフトです。細馬・菊地（編）（2019）はその使いかたについて、スクリーンキャプチャの写真を豊富に盛り込み、視覚的にもわかりやすくまとめています。また、音声分析に使うPraatというソフトもありますが、これにも北原・田嶋・田中（2017）というマニュアル本が用意されています。

　英語で書かれたものも読んでおくと、他言語のフィールドワークの視点が勉強でき、幅が広がります。Sakel and Everett（2012）は実際のフィールドワークの事例も豊富で、大学生でも読みやすいように設計されています。

　本書では補いきれなかった知識まで十分に得てからフィールドワークに出かけると、緊張や不安がいくぶん解消され、きっと調査の成功に結びつくことでしょう。『書を捨てよ、町へ出よう』という本がありますが、ぜひ本書はお守りとして持ったままフィールドワークに出かけてください。

研究倫理

　最後に、フィールドワークをおこなうにあたって必ず備えておくべき態度について触れておきます。どんな研究分野にもいえることですが、方言研究が人を相手に調査をおこなうものである以上、自分の好き勝手にフィールドワークをおこなうことはできません。フィールドワークをおこなうにあたって忘れてはならないのは、話者との信頼関係です。その信頼関係を保証するのが同意書です。同意書にはさまざまなフォームがありますが、一般的に必要だと考えられる項目としては、研究発表や研究論文において個人名・生年（年齢）・性別・学歴・居住歴・職業といった個人情報を公表するかどうか、録音した音声・録画した映像をホームページなどで公開するかどうかをチェックしてもらいます。当然ですが、話者が拒否した内容を公表することはできません。なお、話者の署名を日付入りでもらうのは当然のこと、調査者である自分自身の署名も入れておくとよいでしょう。また、後日話者の考えが変わったときなどに備え、調査データを取り下げて破棄できるような書面を用意するのも一般的になってきています。

■ 発展問題２：方言話者との良好な関係構築のために

　フィールドでは話者およびコミュニティに対する気配りも忘れてはいけません。いくら自分が精力的にデータをとりたいと思っても、ご高齢の話者を尋問のように長時間拘束して問い詰めるのはやめましょう。また、そのフィールドに入るのは自分だけではありません。あなたに

続く調査者や、ほかの研究分野の研究者のために、話者およびコミュニティと良好な関係を築く必要があります。では、調査を終えた直後、またフィールドから戻った後に話者に対してできる（すべき）ことには、どのようなことがあるでしょうか？

■ 発展問題3：会話を録音してみよう

　レコーダ（なければスマートフォンでも可）を使って、実際に方言を話す人どうしの会話を30分程度録音してみましょう。その談話を聞いて、どのような方言的特徴が現れているのか書き出してみましょう。そのうえで、どのように文字化をおこなえばいいのか考えてみましょう。

■発展問題 4：方言研究をデザインしてみよう

本書を振り返ってみて、自分ならどのような方言研究をおこないたいか、できるだけ具体的にまとめてみましょう。

▶参考文献一覧

第1課　私たちは日本語を知らない
井上史雄（1998）『日本語ウォッチング』岩波書店
国立国語研究所（編）（1967）『日本言語地図』第2集，大蔵省印刷局
佐藤亮一（監修），小学館辞典編集部（編）（2002）『お国ことばを知る方言の地図帳』小学館
真田信治（編著）（2011）『方言学』朝倉書店
松崎寛・河野俊之（2018）『日本語教育　よくわかる音声』アルク

第2課　母音と子音
国立国語研究所（1978）『X線映画資料による母音の発音の研究―フォネーム研究序説―』国立国語研究所
斎藤純男（2006）『日本語音声学入門　改訂版』三省堂

第3課　五十音図と特殊拍
斎藤純男（2006）『日本語音声学入門　改訂版』三省堂

第4課　アクセント
杉藤美代子（1982）『日本語アクセントの研究』三省堂

第5課　形態素
なし

第6課　語と句
小野志真男（1983）「佐賀県の方言」飯豊毅一・日野資純・佐藤亮一（編）『講座方言学　九州地方の方言』国書刊行会

第7課　格ととりたて
佐藤亮一（監修），小学館辞典編集部（編）（2002）『お国ことばを知る方言の地図帳』小学館
原田伊佐男（2016）『埼玉県東南部方言の記述的研究』くろしお出版

第8課　複文
小西いずみ（2010）「西日本方言における引用標識ゼロ化の定量分析―生起頻度と言語内的要因の方言間異同―」『広島大学大学院教育学研究科紀要　第二部 文化教育開発関連領域』59, pp. 123–132.
真田信治（2001）『関西・ことばの動態』大阪大学出版会
三井はるみ（2002）「条件表現」大西拓一郎（編）『方言文法調査ガイドブック』https://www2.ninjal.ac.jp/takoni/DGG/06_jookenhhyoogen.pdf
南不二男（1993）『現代日本語文法の輪郭』大修館書店

第9課　活用
小学館国語辞典編集部（編）（1989）『日本方言大辞典　下巻』小学館
陣内正敬（1997）「総論」平山輝男（編）『日本のことばシリーズ 40　福岡県のことば』明治書院
原田伊佐男（2016）『埼玉県東南部方言の記述的研究』くろしお出版

平塚雄亮（2017）「鹿児島県甑島里方言」方言文法研究会（編）『全国方言文法辞典資料集（3）　活用体系（2）』pp. 155–164，科研費報告書

───（2018）「鹿児島県鹿児島市方言」方言文法研究会（編）『全国方言文法辞典資料集（4）　活用体系（3）』pp. 107–116，科研費報告書

第 10 課　ヴォイス

佐々木冠（2007）「北海道方言における形態的逆使役の成立条件」角田三枝・佐々木冠・塩谷亨（編）『他動性の通言語的研究』pp. 259–270，くろしお出版

円山拓子（2016）『韓国語 cita と北海道方言ラサルと日本語ラレルの研究』ひつじ書房

第 11 課　アスペクト・テンス

坂口至（1998）「総論」平山輝男（編）『長崎県のことば』pp. 1–27，明治書院

竹田晃子（2020）『東北方言における述部文法形式』ひつじ書房

中田敏夫（1979）「静岡県焼津市方言の過去表現」『日本語研究』2，pp. 122–129，東京都立大学日本語研究会

───（2002）「総論」平山輝男（編）『静岡県のことば』pp. 1–19，明治書院

日本語文法学会（編）『日本語文法事典』大修館書店

平塚雄亮（2015）「高知県四万十市西土佐奥屋内方言の屈折接尾辞トー」『阪大社会言語学研究ノート』13，pp. 1–9，大阪大学大学院文学研究科社会言語学研究室

吉田雅子（2014）「山梨県甲府市方言」方言文法研究会（編）『全国方言文法辞典資料集（2）　活用体系』pp. 53–65，科研費報告書

第 12 課　モダリティ

井上優（1995）「方言終助詞の意味分析─富山県砺波方言の「ヤ／マ」「チャ／ワ」─」『国立国語研究所研究報告集』16，pp. 161–184，国立国語研究所

───（2017）「終助詞の意味の体系性に関する試論─富山県井波方言の場合─」『言語と文明』15，pp. 101–112，麗澤大学大学院言語教育研究科

第 13 課　待遇表現

大西拓一郎（2006）「書きます（か）」『月刊言語』35（12），pp. 76–79，大修館書店

国立国語研究所（2005）『新「ことば」シリーズ 18 伝え合いの言葉』国立印刷局

西尾純二（2005）「大阪府を中心とした関西若年層における卑語形式「ヨル」の表現性─関係性待遇と感情性待遇の観点からの分析─」『社会言語科学』7（2），pp. 50–65，社会言語科学会

宮治弘明（1985）「滋賀県甲賀郡水口町八田方言における待遇表現の実態─動作の主体に対する表現をめぐって─」『語文』46，pp.33–49，大阪大学文学部国文学研究室

───（1987）「近畿方言における待遇表現運用上の一特質」『国語学』151，pp. 38–56，国語学会

第 14 課　語彙

松本修（1996）『全国アホ・バカ分布考─はるかなる言葉の旅路─』新潮社

第 15 課　言語変化

小林隆（1997）「周圏分布の東西差─方向を表す「サ」の類について─」『国語学』188，pp. 96–109，

国語学会

白岩広行 (2017)「変わりゆく方言の役割」『ことばと文字』8, pp. 8–23, 日本のローマ字社

高木千恵 (2006)『関西若年層の話しことばにみる言語変化の諸相』(『阪大日本語研究』別冊 2), 大阪大学大学院文学研究科日本語学講座

徳川宗賢 (1978)「単語の生と死・方言接触の場合」『国語学』115, pp. 40–46, 国語学会

日高水穂 (2005)「方言における文法化」『日本語の研究』1(3), pp. 77–92, 日本語学会

───── (2006)「文法化」佐々木冠・渋谷勝己・工藤真由美・井上優・日高水穂『シリーズ方言学 2 方言の文法』pp. 181–219, 岩波書店

第 16 課　方言の研究方法

大西拓一郎 (2008)「方言資料の現在」『日本語の研究』4(1), pp. 69–181, 日本語学会

北原真冬・田嶋圭一・田中邦佳 (2017)『音声学を学ぶ人のための Praat 入門』ひつじ書房

小林隆・篠崎晃一 (2007)『ガイドブック方言調査』ひつじ書房

小西いずみ・三井はるみ・井上文子・岸江信介・大西拓一郎・半沢康 (2007)『シリーズ方言学 4　方言学の技法』岩波書店

下地理則 (2010)「フィールドワークに出かけよう！琉球諸語のフィールド言語学」『日本語学』29 (12), pp. 16–30, 明治書院

───── (2011)「文法記述におけるテキストの重要性」『日本語学』30 (6), pp. 46–59, 明治書院

───── (2013)「フィールドワークと辞書」『日本語学』32 (14), pp. 32–47, 明治書院

野中大輔 (2015)「コーパス言語学」斎藤純男・田口善久・西村義樹 (編)『明解言語学辞典』pp. 89–90, 三省堂

細馬宏通・菊地浩平 (編) (2019)『ELAN 入門』ひつじ書房

Sakel, Jeanette and Daniel L. Everett (2012) *Linguistic Fieldwork*. Cambridge University Press.

▶おわりに

　本書の企画は、日本語諸方言のデータを使ったワークブックがあったら楽しい授業ができるだろう。じゃあ作ってみるか！ということで始まりました。当初は、大学院在籍時に授業で使った Nida, Eugine A. (1946) *Morphology: The descriptive analysis of words*. Ann Arbor: University of Michigan Press. をイメージして書いていました。モデルがこの本なので、初期段階の本書は「どうだ！この問題解けるか！」と言わんばかりに、問題（しかも結構難しい問題）が単に並んでいるだけのものでした。しかし、それでは授業をする人にとっても本書を買ってくれる人にとってもあまりにも不親切なので、いつしか問題にヒントをつけるようになりました。さらに、独学で日本語の分析を学びたいという（私たちが熱望している、尊敬すべき）読者のために解説がつき、問題を難易度別に基本問題と発展問題に分けて、現在の形に落ち着いたというわけです。その過程で、「全ての問題に答えていったら簡易文法記述ができあがるようにしたい」という無謀な夢を諦めたり、「文法は体系的だと言いながら、課・問題の関係は体系的になっていない」という深刻な問題を未解決のままにしたりしてきました。

　このように本書は執筆過程で何度か形式を変えてきました。コンセプトで悩んだ時は、岡﨑友子・森勇太著『ワークブック日本語の歴史』（くろしお出版）や山田敏弘著『日本語練習帳』（くろしお出版）をはじめ、さまざまな教科書やワークブックを参考にしてきました。いずれも分量と体系性との間で絶妙なバランスがとられていて、とても参考になりました。これらの教科書・ワークブックを作ってくださった諸先輩方にはたいへん感謝しております。余談ですが、初期の本書の仮題は『ワークブック日本語の方言』でした（勝手にシリーズ化を目論む！）。しかし先行書『ワークブック日本語の歴史』とは形式や難易度が異なってきたために、『アクティブラーニング対応!! 方言で学ぶ日本語学演習』という（どこかで聞いたことがありそうなタイトルながら）独自路線を歩もうとしていました。最終的にくろしお出版の荻原さん、池上さんとの話し合いを経て、現在のタイトルに落ち着きました。こうしてめでたくワークブックシリーズが始まりました。

　各課の草稿ができあがった段階で、筆者らが教鞭をとる大学でその草稿を使って授業をしてみて、出てきた問題点を持ち寄って修正方針を検討し、改訂版を使ってまた授業をしてみて…、ということを2年ほど繰り返して内容をブラッシュアップしてきました。試作版は多様な授業スタイルで試してみました。内容を順に説明していくという講義スタイルで使うところもあれば、授業以外の時間で本書を読んできてもらい、授業では実際に言語データを分析してみるという方法を採ったところもあります。後者の方法は最近よく耳にするアクティブ・ラーニング授業です。これについても何度も議論を重ねて、対応できるようにしました（アクティブ・ラーニング対応！）。また、2020年から拡大した新型コロナウイルス感染症により、どの大学でも授業をオンラインで行わざるをえなくなりました。当然、本書もオンライン授業での使いやす

さを考えて修正しました（オンライン授業対応！）。感染症拡大がなければ本書をもう少し早く刊行できたのかもしれませんが、おかげでさまざまな角度から検討を加えることができました。

　本書を作る過程で多くの方々のお世話になりました。

　まず、授業を楽しみつつも「これは分かりにくい」と言ってくれた青山学院大学・滋賀大学・中京大学・長崎大学・立正大学（五十音順）の学生の皆さんに感謝したいと思います。中には鋭い分析とツッコミで筆者たちを悩ませてくれた学生もいました。これを読んでくださっている学生さんも、理解できない、納得できないことがあれば、ぜひ教員あるいは著者たちに直接疑問をぶつけてみてください。

　また、本書は多くのかたの協力がなくては完成しませんでした。まず、リアルな音声を提供してくださった山口昭雄さん、愛知県立大学の久保薗愛さん、南山大学の平子達也さん、長崎大学の Pino Cutrone さん、そして著者の一人である平塚雄亮さんのお子さんたちに感謝します。そしてなにより、私たちが研究を続けることができるのは、各地で様々な方言を教えてくださる調査協力者の方々のおかげです。ときとしてややこしい質問を次々と投げかける私たちに、笑顔で答えてくださる全国の方言話者の方々に深くお礼を申し上げます。最後に、本書を出してくださったくろしお出版の皆さん、特に、二転三転する本書をかげからそっと舵取りしてくださった荻原典子さんと、刊行まで力強く引っぱって下さった池上達昭さんに御礼申し上げます。

　このメンバーで本を作るのはとても楽しい時間でした。出来上がった原稿を持ちよって検討している時も、授業で試してみて出てきた問題を検討している時も、「なるほどねぇ」「面白いなぁ」「勉強になるわぁ」と思うことばかりでした。こうやって楽しんで仕事ができたのは、執筆者の個性や専門、勤務大学の違いを認め、お互いができる限り歩み寄ろうとしたからだろうと思っています。このような態度は、筆者たちが在籍した大学院で培われたと思っています。そう考えると、筆者たちを引き合わせてくれた大阪大学大学院文学研究科の真田信治先生、渋谷勝己先生がいなければ（そして渋谷先生が演習で Nida を使わなければ）、本書は生まれなかったかもしれません。実はこのあとがきを書き上げた直後に真田信治先生が急逝されたという知らせをうけました。いまだに先生が亡くなられたということを受け止められずに、いつもと変わらない日常を過ごしています。この本を先生に手渡したかった、先生にいつものように「面白いね！」と言ってもらいたかった、お酒を酌み交わしながら関連する言語事象について話したかったという思いが宙に浮いたままの状態です。どんな意見にも耳を傾けてくださる真田先生のスタイルはこの本にも受け継がれているはずです。

　この本は著者たちが楽しんで作った本です。この本を手にとって「ことばについて考えるって面白いな」と思ってくれる人が増えることを願いつつ、稿を閉じたいと思います。

2022 年 11 月

秋もゆる京都にて

▶著者紹介

松丸真大（まつまる みちお）

1973 年生まれ。京都府出身。大阪大学大学院文学研究科博士後期課程退学。大阪大学助手、滋賀大学准教授などを経て、現在、滋賀大学教育学部教授。著書・論文に『ココが面白い！日本語学』（共著、ココ出版、2017年）、「本州方言における他動詞文の主語と目的語の区別について」（『日本語の格表現』くろしお出版、2022年）、「京都市方言における情報構造と文形態」（『日本語の格標示と分裂自動詞性』くろしお出版、2021 年）など

白岩広行（しらいわ ひろゆき）

1982 年生まれ。福島県出身。大阪大学大学院文学研究科博士後期課程修了。大阪大学助教、上越教育大学講師、立正大学専任講師を経て、現在、立正大学文学部准教授。論文に「甑島里方言のモダリティ表現」（共著、『鹿児島県甑島方言からみる文法の諸相』くろしお出版、2019 年）、「ハワイの日系／沖縄系社会にみられる日本語の特徴」（共著、『アメリカ・ハワイ日系社会の歴史と言語文化』東京堂出版、2015 年）など

原田走一郎（はらだ そういちろう）

1982 年生まれ。福岡県出身。大阪大学大学院文学研究科博士後期課程修了。国立国語研究所特任助教などを経て、現在、長崎大学多文化社会学部准教授。論文に「南琉球八重山語黒島東筋方言における目的語の無助詞」（『多文化社会研究』8 号、2022 年）、「南琉球八重山黒島方言における二重有声摩擦音」（『日本語の研究』12 巻4 号、2016 年）など

平塚雄亮（ひらつか ゆうすけ）

1983 年生まれ。福岡県出身。大阪大学大学院文学研究科博士後期課程修了。志學館大学講師、中京大学講師などを経て、現在、中京大学文学部准教授。論文に「言葉の変異と諸方言」（共著、『基礎日本語学』ひつじ書房、2019 年）、「甑島方言からみる言語変化と伝統方言形式のゆくえ」（『鹿児島県甑島方言からみる文法の諸相』くろしお出版、2019 年）、「動詞肯定形に接続する同意要求表現クナイ（カ）」（『日本語文法』9 巻1 号、2009年）など

イラスト……さかもときなこ（pp. 90, 91）

ワークブック　方言で考える日本語学

2023 年　5 月 10 日　第 1 刷発行
2024 年　9 月 20 日　第 2 刷発行

著者 ……………………… 松丸真大・白岩広行・原田走一郎・平塚雄亮
発行人 …………………… 岡野秀夫
発行所 …………………… 株式会社　くろしお出版
　　　　　　　　　　　　〒102-0084　東京都千代田区二番町 4-3
　　　　　　　　　　　　TEL 03-6261-2867　FAX 03-6261-2879　www.9640.jp
印刷所 …………………… 株式会社　三秀舎
本文・装丁デザイン ……… 工藤亜矢子（OKAPPA DESIGN）
組版 ……………………… エディット

国際音声記号(2015年改訂版)

子音 (肺臓気流)

	両唇音	唇歯音	歯音	歯茎音	後部歯茎音	そり舌音	硬口蓋音	軟口蓋音	口蓋垂音	咽頭音	声門音
破裂音	p b			t d		ʈ ɖ	c ɟ	k g	q ɢ		ʔ
鼻音	m	ɱ		n		ɳ	ɲ	ŋ	N		
ふるえ音	B			r					R		
たたき音・はじき音		ⱱ		ɾ		ɽ					
摩擦音	ɸ β	f v	θ ð	s z	ʃ ʒ	ʂ ʐ	ç ʝ	x ɣ	χ ʁ	ħ ʕ	h ɦ
側面摩擦音				ɬ ɮ							
接近音		ʋ		ɹ		ɻ	j	ɰ			
側面接近音				l		ɭ	ʎ	ʟ			

記号が対になっている場合、右側の記号が有声子音。グレーの部分は、調音不可能と考えられる。

子音 (非肺臓気流)

吸着音	有声入破音	放出音
ʘ 両唇音	ɓ 両唇音	’ 例:
ǀ 歯音	ɗ 歯(茎)音	p’ 両唇音
ǃ (後部)歯茎音	ʄ 硬口蓋音	t’ 歯(茎)音
ǂ 硬口蓋歯茎音	ɠ 軟口蓋音	k’ 軟口蓋音
ǁ 歯茎側面音	ʛ 口蓋垂音	s’ 歯茎摩擦音

その他の記号

ʍ 無声両唇軟口蓋摩擦音　　ɕ ʑ 歯茎硬口蓋摩擦音

w 有声両唇軟口蓋接近音　　ɺ 有声歯茎側面はじき音

ɥ 有声両唇硬口蓋接近音　　ɧ ʃ と x の同時調音

ʜ 無声喉頭蓋摩擦音

ʢ 有声喉頭蓋摩擦音　　必要があれば、破擦音と

ʡ 喉頭蓋破裂音　　二重調音は2つの記号を連結線で結ぶことでも表せる k͡p t͡s

母音

	前舌母音	中舌母音	後舌母音
狭母音	i y	ɨ ʉ	ɯ u
	ɪ Y		ʊ
半狭母音	e ø	ɘ ɵ	ɤ o
		ə	
半広母音	ɛ œ	ɜ ɞ	ʌ ɔ
	æ	ɐ	
広母音	a ɶ		ɑ ɒ

記号が対になっている場合、右側の記号が円唇母音。

超分節要素

ˈ	第1強勢	ˌfoʊnəˈtɪʃən
ˌ	第2強勢	
ː	長	eː
ˑ	半長	eˑ
˘	超短	ĕ
ǀ	小さな切れ目（韻脚）	
ǁ	大きな切れ目（イントネーション）	
.	音節境界	ɹi.ækt
‿	連結（切れ目なし）	

音調と語アクセント

平板				曲線		
e̋	か ˦	超高	ě	か ˇ	上昇
é	˦	高	ê	ˆ	下降
ē	˧	中	e᷄		高上昇
è	˨	低	e᷅		低上昇
ȅ	˩	超低	e᷈		上昇下降

↓ ダウンステップ　↗ 全体的上昇

↑ アップステップ　↘ 全体的下降

補助記号

記号が下寄りのとき、補助記号はその上においてもよい　例: ŋ̊

無声の	n̥ d̥	息漏れ声の	b̤ a̤	歯音の	t̪ d̪
有声の	s̬ t̬	きしみ声の	b̰ a̰	舌尖音の	t̺ d̺
帯気音の	tʰ dʰ	舌唇音の	t̼ d̼	舌端音の	t̻ d̻
円唇の度合いが強い	ɔ̹	円唇音の	tʷ dʷ	鼻音の	ẽ
円唇の度合いが弱い	ɔ̜	硬口蓋化した	tʲ dʲ	鼻腔開放	dⁿ
前寄りの	u̟	軟口蓋化した	tˠ dˠ	側面開放	dˡ
後ろ寄りの	e̠	咽頭化した	tˤ dˤ	無開放	d̚
中舌寄りの	ë	軟口蓋化あるいは咽頭化した ɫ		
中段·中舌寄りの	e̽	より狭い	e̝ ɹ̝ (= 有声歯茎摩擦音)
音節主音的	n̩	より広い	e̞ β̞ (= 有声両唇接近音)
音節副音的	e̯	舌根が前寄りの	e̘
rの音色を持つ	ɚ a˞	舌根が後ろ寄りの	e̙